ストレッチ

STRETCH

少ないリソースで思わぬ成果を出す方法

STRETCH
Unlock the Power of Less— and Achieve More Than You Ever Imagined
by Scott Sonenshein

はじめに

私がストレッチに「開眼」するまで

二〇〇〇年の春の日、シリコンバレーにあるスタートアップ企業の採用担当者から、いきなり電話がかかってきた。某ポジションにふさわしい人材をずっと探していて、私が適任だと確信したのだという。

当時、私はワシントンDCで初めての仕事（戦略コンサルタント）に就いてまだ一年とたっていなかった。それに、ビビデンスというそのスタートアップの名前は聞いたこともなかったし、カリフォルニア州には誰も知り合いがいなかった。

でも、シリコンバレーが「ホット」な場所だというのは知っていたので、せっかくだからこの目で見てみようという気になった。

出発前夜には、マイケル・ルイスが書いたシリコンバレーの内幕本『ニュー・ニュー・シング』（日本経済新聞社）を買って、刺激的だけれどちょっと不安な部分もあるこの地域についての情報も仕入れた。

到着すると、ビビデンスは全力を挙げて口説きにかかった。優れたベンチャーキャピタルがバックにつき、資金も豊富だから成功しないわけがない。活気に満ちた成長企業で、毎週のように新しいスタッフが入社する。休憩室にはたっぷりの軽食が常備され、毎晩、無料の夕食サービスがある。入社すれば私は自分のチームを任され、立派な肩書をもらい、うまくいけば大金持ちになれる。

断る理由があるだろうか？

一カ月後、家族や友人から遠く離れた場所で、私は新しい仕事をスタートさせた。そして、たちまちシリコンバレーのただならぬ活気や熱気、創造性に飲み込まれていった。華やかなパーティの数々。買い物やデートのしかたから学習や交流のスタイルまで、何もかもが様変わりする予感。それを支えるのは、うなるようなベンチャー資金と、私のように現代版ゴールドラッシュに群がる熱狂的な人々だ。

ビビデンスは調査会社として、顧客のウェブサイトの機能向上をサポートしていたが、ゆくゆくはソフトウェア企業になって高い市場価値を謳歌したいと考えていた。私は早めにストックオプションを行使した。金《きん》を掘り当てるのは確実であり、問題はどれくらい時間がかかるかだけ、のはずだった。

しかし、それは幻想だった。ビビデンスは、はかなく消える砂上の楼閣を築くために、何千万ドルもの資金をあっという間に使い果たしてしまった。そしてほんの数カ月で「超一流のベンチャーキャピタルが五〇〇〇万ドル以上も出資する優良スタートアップ」から「社員が採用されては解雇される潰《つぶ》れかけの会社」に転落した。

この会社はいつまでもつのか？ 自分はいつクビになるのか？ 心配になった私は「ファックトカンパニー」というウェブサイトをしょっちゅうチェックした。倒産しそうな企業を予測し、破綻につながる放漫経営を指摘するサイトである。おかげで、わが社の運命に対する「早期警戒」が可能になり、トラブルに陥っているのはうちだけではない、という慰めも得ることができた。

そして二〇〇一年九月一一日が訪れる。同時多発テロ勃発。このテロによって、三〇〇〇人近くが亡くなり、米国の「精神」は完全に変貌した。シリコンバレーの経済的崩壊も拡大した。

＝

9・11の悲劇のあと、多くの人が自分の人生について改めて考えるようになった。私も例外ではない。時間の使い方を見つめ直し、本当にやり遂げたいことは何かを自問した。変化への準備はできた。もうすぐこの仕事を辞めるだろう、そう思うようにもなった。

私はミシガン大学で組織行動論の博士課程を受講しはじめた。教職員たちは、それぞれ

9・11後の心の葛藤を抱えつつ、のちに「ポジティブ組織学」と呼ばれる変革運動を推進していた。個人や組織の大きな目標・目的を大切にして、その潜在能力を最大限引き出そうという活動である。

出世や利益も大事だが、有意義で満足のいく暮らしをおくり、世の中になくてはならない持続可能な会社をつくることはもっと重要だ。この大学で私は、二年ばかり考えつづけていた疑問について研究した。

●わずかな努力で成功を収める人や組織がある一方、たくさん努力をしても失敗する人や組織があるのはなぜか?
●われわれはなぜ、自分にないものを追い求めようとするのか?
●すでに持っているものを使って、もっと業績のよい組織、やりがいのある仕事、充実した人生を実現することはできないのか?

ビビデンスを去って一五年になるが、いまなお、個人も組織も、私がドットコム時代に経験したのと同じ罠にはまりつづけている。直近の不況——分不相応な贅沢をするために過度な借金をした消費者や企業が引き起こした不況——では、多額の損失が出た。一九・二兆ドルの家計資産が消え、八八〇万近い雇用が失われ、銀行、企業、政府など主要機関の信頼が損なわれた。

それでもまだ、個人も組織も「成果をあげるには資源《リソース》が必要」と考え、目の前にある豊かさを見逃している。石油不況からシリコンバレーのIT株急騰まで、歴史はつねに繰り返すのだ。こちらが何も手をくださないかぎりは――。

本書では、いわゆる「リソースフルネス」（困難な状況下で臨機応変に解決策を見いだす能力）に関する私の一〇年に及ぶ研究をもとに、ストレッチ、すなわちあなたの能力を最大限発揮する方法を伝授した。

本当は誰でも、手持ちのリソースで仕事や暮らしをもっと充実させることができる。そのことを知り、実現のための「スキル」や「心の持ちよう」を学んでもらえたらうれしい。目の前の「未開拓の価値」を目一杯活用する方法を身につければ、あなたがこれまで想像もしなかった可能性が、次から次に開かれるに違いない。

1 ふたつのビール会社の物語

いまあるリソースの価値を知る

一九六一年の秋、ディックという名の青年が、ペンシルベニア州の片田舎を離れ、二五〇キロほど先の軍人養成学校に入学した。

ここの学生たちは、がちがちのスケジュールと厳しい規則に縛られる。早起きして海軍式の制服に着替え、教官に敬礼しなければならない。故郷での暮らしとは大違いだった。入学後一カ月。両親が学校を訪れたとき、ディックは家業について学びたいから家へ帰してくれと訴えた。だが、両親は拒否した。父親は地元の小さなビール会社のオーナーだったが、当時、業界全体が苦戦していた。だから息子には、新しい環境から刺激を受けて、ビールとは無関係のもっと有望な未来をめざしてほしい、父も母もそう願っていたのだ。

それでも、ディックは言うことをきかなかった。校務員を説得して平服を用意してもらうと、木に登って壁を越え、広いキャンパスから逃げ出した。愛するビール工場から離れていることなどできない――、その一心でフィラデルフィア行きのバスに飛び乗り、あとはヒッチハイクをして故郷に戻った。

着の身着のままでの帰郷。それは、奇しくもその後の展開を予感させた。なぜならディックは、「あるものを活かす」経営方法で業績を伸ばし、最終的には苦戦するファミリービジネスをアメリカ有数のビール会社へと変身させ、億万長者になったからだ。

ディックの会社は、一八二九年にドイツ人の祖先が創業した。一九八五年に彼が病気の父親から経営を引き継いだときも、ビール会社のなかで群を抜く長い歴史を誇っていた。とはいえ、アメリカのビール市場は、アンハイザー・ブッシュ、ミラー、ストローの三社だけで七〇％のシェアを握っていた。

彼のブルワリーは年間一万六〇〇〇キロリットルほどを生産していたが、全米の生産量二四〇〇万キロリットルに比べたら雀の涙ほどである。大手との競争に直面した中小ブルワリーは、ふつうに考えれば次のふたつのどちらかを選ぶしかなかった。独立独歩をあきらめてライバルに身売りするか、買収による規模拡大をめざすか――。

しかし、ディックは身売りもしなければ買収もしなかった。その代わり、手持ちの資産をもっと効果的に使う方法を見いだして、利益が安定的に出る会社を築き上げた。

彼は、マーケティングに多額の資金をつぎ込むやり方もとらなかった。そこそこの広告予算でも、売上は伸びていった。それを可能にしたのは、「会社の歴史」である。それまではほとんど注目してこなかったが、アメリカ一古いブルワリーには、大手三社とは異なるアピールポイントがあったのだ。

また、持てるリソースは徹底的に有効活用した。たとえば、事業が成長してもタンクや瓶詰め機は中古のものを購入し、それを上手に再利用した。無駄を排する思想は、販路開拓にも反映された。ディックは、どんな市場でもとにかく参入するというような無理はせず、販売先をごく一握りの地域に限定し、製品の希少価値を高めた。

するとかえって需要が高まり、熱狂的なファンがこの入手困難なビールを求めて別の州からもやって来るようになった。ブランドの神秘性はいや増し、何人かの熱心なファンは無料の優れた広告塔となった。ついには「うちの地元でも販売して」という運動を始める者まで現れた。

「一五〇年以上の歴史がある工場を最大限活用する」という戦略は正しかった。一九九六年には、生産量が年間六万キロリットルに達した。さすがに、生産能力はもう限界だった。もともとはその半分ほどにしか対応できない設備だったのだから当然だ。ついに新しい工場をつくることにした。

このとき、ディックは四人の娘に相談している。同族経営企業でも、四代以上続くのは三％にすぎない。そんな厳しい現実のなかで六代目のオーナーになろうとする情熱が、彼女たちにどれくらいあるのかを測るためだった。

こうして、彼の会社D・G・イングリング&サンは、とうとうアメリカ資本最大のビール会社になった。でも、それはけっして彼の目標ではなかった。「最大のビール会社になろうと競い合っていたわけではありません」と、彼は当時を振り返る。「大事なのは、長く続けることです。いまは娘たちが事業に関わっていますが、いずれは孫たちにも経営に参加してもらいたい……。それが私の望みです」

フォーブス誌の推計によれば、ジーンズにスニーカーがトレードマークであるこのビール大手のリーダーは、保有資産が二〇億ドル近くある。それでも乗っているのは質素な車だし、オフィスの電気がつけっ放しだとまめに消す。「ケチ呼ばわりされますが、無駄づかいをしないだけのことです」と彼は言う。

「持てるものを最大限活用する」というモットーのもと、ディックは持続可能な会社をつくって成長させ、子どもたちとともに経営するという難しい目標も達成することができた。他社がへとへとになり倒産の憂き目を見るなか、このやり方で成功を収め、満足することができたのだ。

ライス大学の社会学教授として、私は一〇年以上、何が組織を繁栄させ、従業員を裕福にさせるのかを研究してきた。技術、製造、銀行、小売、エネルギー、医療、NPOなど、幅広い業界の組織を調査し、ときには実際にそこで働きもした。また、フォーチュン500企業の経営幹部、会社を立ち上げようとする起業家、第一線で活躍を期すビジネスマンなど、さまざまな人たちと時間をともにし、企業幹部、エンジニア、教師、医師、仕事を持つ親、社会人になりたての若者など、たくさんの人たちを指導してきた。

その研究を通じてわかったのは、リソースの使い方、リソースに対する考え方が、仕事上の成功、個人的な満足、組織のパフォーマンスに大きな影響を及ぼすということだ。ところが私たちの多くは、「リソース獲得の重要性を過大評価する一方、手持ちのリソースを活用する自分自身の能力を過小評価しすぎる」という問題を抱えている。

これを正すにはどうすればいいのか? 人や組織が考えを改め、リソースを最大限活用して大きな成果をあげ、達成感を得る——そのためには、「ストレッチ」の極意を習得するのがいちばんの近道だ。ストレッチとは、多くのリソースを望むのではなく、手持ちのリソースの可能性を受け入れ、それを行動の手がかりにする考え方であり、技能である。ごくシンプルだが効果は絶大、おまけに学習によって誰でも身につけられる。

その習得の第一歩は、私たちを危険な方向へ導く習慣や考え方とおさらばすることから始まる。事業の立ち上げやキャリアの育成から子育て、幸福の追求まで、何か重要なことを手がけようとするとき、人はふつう本能的にこう考える。

豊富なリソース＝優れた成果

「プロジェクトを早く完了させたければ、スタッフを増やせ」「仕事での影響力を高めたければ、立派な肩書をつけ、広いオフィスを構えろ」「ジリ貧の製品にてこ入れするには、マーケティング予算を追加せよ」「学校をよくするには、先生を増やせ」「政府の機能を高めるには、予算を増額せよ」「人間関係をよくしたければ、値段の張る贈り物を買え」……

要は、そのほうが安心できるからだ。リソースが多ければ多いほど、たくさんのことができ、気持ちが安らぐのは当然ではないか。しかし、それはたいていベストの結果をもたらさない。なぜなら、必要のないリソースを追い求めると、すでに手元にあるリソースのポテンシャルを見逃してしまうからだ。

ディック・イングリングがビール事業を拡大しているとき、最大のライバル企業ストロー・ブルワリーは、「豊富なリソース＝優れた成果」という昔ながらの考えに従っていた。

一八四九年にドイツ移民のベルンハルト・ストローがデトロイトで興したこの会社は、アメリカを代表する大手ビールメーカーに成長し、ピーク時の生産量は年間約三七〇万キロリットル、全米第三位の規模を誇った。

創業者のひ孫でプリンストン大学を出たピーター・ストローが社長になったのは、一九六七年だ。ストロー家の命運は、ピーターの手腕にかかっていた。一族の多くは会社の正式なポストにこそ就いていなかったものの、一人あたり最大で年四〇万ドル（現在の一〇〇万ドルに相当）の配当を受け取っていた。フランシス・ストローが最近出した回想録で述べているように、「何十年ものあいだ、ストロー家はお金に困ることなく、王様のような暮らしをおくっていた」のだ。

ピーターのビジネス哲学は「成長なくば消え去るのみ」。「持てる資源でやりくりする」というディックのやり方とは似ても似つかなかった。彼は、ビジネスパートナーたちにこう語っている。「できるかぎり大きくならなければならない。他のブランドを買収しつづけなければならない」。当然、その過程で何億ドルもの借金を重ねた。

負債の重圧にあえぎ、一族の人間が会社の利益を食いつぶしつづけたせいで、ストロー・ブルワリーはついに生命維持装置につながれている状態に陥った。そして、製品やブランドといった既存のリソースを十分活用できないまま、市場シェアを急速に失っていった。元社員で五代目の一員だったグレッグ・ストローは言った。「ガンマンとの決闘にナイフで臨むようなものでした」

結局、ストロー・ブルワリーはデトロイトの広大な醸造所を閉じた。ピーターには生き残る方法がわからなかった。「各方面に譲歩してもらい、なおかつ設備投資をしても、デトロイトの工場のコスト効率を上げることはできなかった……」

その後も業績回復は思うようにいかず、一九八九年にはクアーズへの身売りを決断する。だがそれも、合意書に署名してまもなくクアーズが怖気づき立ち消えになった。その一〇年後、ストローは倒産し、九〇億ドル近い資産は水泡に帰した。ディックいわく「彼らは拡大を急ぎすぎるあまり、押しつぶされてしまったのでしょう」。

ストロー社だけではない。このころ、ビール業界そのものが厳しい環境に置かれていた。だから、この不運に乗じることができる会社などまずなかった。

だが、ディックの会社は違った。D・G・イングリング&サンは、フロリダ州タンパにあるストロー社の工場を、市場価格よりもはるかに安い値段で購入した。そして、ライバルが会社を大きくしすぎて破綻したのを尻目に、工場の設備を改良し、わずか三カ月で稼働にこぎ着けた。以後、この施設を使って事業の拡大を継続させる。かかったコストは、通常の新工場の数分の一だった。

ディックのリーダーシップのもとで、タンパ工場は他社よりもはるかに少数のスタッフでビールを生産した。ストローから受け継がれた悩める従業員たちも、生産性アップのアイデアを出して問題解決をはかる、有能な社員へと変貌を遂げた。

業界のトップ3の一角を担う存在として、ストローは膨大なリソースにアクセスすることができた。本来なら、イングリングのような弱小ブルワリーより有利な立場にいられたはずだ。しかし、そうはならなかった。ブランドや社員をもっと増やさなければという焦りのせいで、急速に拡大するどころか急速に縮小してしまった。それもこれも、手持ちの資源を活用してどう難局を乗り切ればよいかを理解できなかったからだ。

もちろん、リソースの確保は重要である。有能なスタッフ、スキル、知識、設備などがなければ、思うようにビジネスを進めるのは難しい。だが、隣の芝生にばかり気をとられていては、すでに手元にあるリソースを有効活用できない。悪くすると、「うちには何もない」という考えにとらわれてしまう。

ストロー社がとったような「絶えず何かを追い求める」アプローチを、私は「チェイシング」と呼ぶ。チェイシングに依存しがちな人（＝チェイサー）にとって大事なのはリソースの獲得であり、手持ちのリソースの活用には目もくれない。その意思決定や行動は一見合理的に思えるが、じつは最悪の結果を招きかねない落とし穴が潜んでいる。

それでも、チェイシングを克服するのは厄介だ。なぜなら、他のアプローチがなかなか見つからないからだ。たいていの人は、「何をするにもリソースはたくさんあるほうがいい」と言う。そう、だから私はこの本を書いた。本書の第一のねらいは、ディック・イングリングのような人、D・G・イングリング&サンのような会社こそが、結果的に大きな成功を収めるという事実を読者に納得してもらうことにある。

ディックのような人は、リソースへのアプローチ法がチェイサーとはまったく違う。ストレッチの実践家（＝ストレッチャー）の方程式はこうだ。

リソースの優れた活用 ＝ 優れた成果

あなたにもストレッチのメリットについて納得してもらうため、ここからは「チェイシングでは得られない成功や満足」がわかる研究や実例を紹介しよう。

「逃亡生活四二年」。その驚くべき暮らし

一九七八年、シベリアの地質学者たちが、四二年前に姿をくらました一家を偶然発見した。それによって、彼らがどのような生活をしていたかも明らかになった。

ルイコフ一家の六人は、宗教迫害を命からがら逃れ、サヤン山脈の人里離れた広大な未開の地に身を落ち着けた。逃亡前の暮らしもけっして豊かではなかったが、文明と呼べるものから完全に切り離された生活は、それまでに経験したことがない過酷なものだった。

第二次世界大戦の勃発も、終結も、彼らは知らなかった。社会から孤立した暮らしは精神的にきつかったが、気温がマイナス三〇度になる物理的環境はもっとこたえた。ルイコフ一家のいた場所へ行こうとしたら、夏場でもカヌーで一週間はかかるだろう。冬場なら、ヘリコプターがなければたどり着けない。

両親は、ふたりの息子とふたりの娘を育てた。次男ドミトリーと次女アガーフィアは逃亡生活のあいだに生まれたため、地質学者に発見されるまでは、両親ときょうだい以外の誰とも会ったことがなかったという。

現代文明から何十年も切り離され、便利な道具や社会的交流を知らないルイコフ一家。彼らには、手持ちの資源でどうにか生きていくほか選択肢はなかった。ジャガイモの皮や松の実の殻で家の床を、麻の種子から衣服を、カバノキの樹皮から靴をつくった。これといった狩猟具もないまま、ドミトリーは獲物が疲れ果てるまで裸足で追いかけた（ときには何日も）。

一家はこうして、限られた生活環境に適応することを学び、手に入る数少ないものを生活必需品に変える方法を見いだしていった。もちろん、彼らにすれば生きるためにはそうするほかなかったのだが、その創意工夫には驚かされる。彼らの極限状態の事例から浮き彫りになるのは、人は必要に迫られてリソースフルになれば（つまり工夫を重ねてやりくりすれば）、信じられないようなことでもなし遂げられるという事実である。

めざすゴールはさまざまでも、生きていれば誰でもたいてい、何らかの制約や制限に直面する。出したい成果と手元のリソースにもたいていギャップがある。金銭的な限界や、仕事の契約、情報、スキル、スタッフなどの制約……。こんなとき、大半の人はそれを苦にする。だが、ストレッチャーはそんな制約などものともしない。代わりに「どうすれば手元のリソースでやるべきことをやれるだろう」と自問する。

制約を克服した人からは、学べることが多い。制約があるがゆえに創意工夫を惜しまず、創造的に行動し、結果として問題解決にたどり着くことさえある。ストレッチとはすなわち、手持ちの資源に可能性を見いだし、それを上手に活用、改善しながら、自分たちの組織、仕事、家族、生活に向き合うという決意である。重要なのは、ストレッチャーになればどんなときでもベネフィットを享受できる、ということだ。

スターもストレッチを選択する時代

フランスの人類学者クロード・レヴィ＝ストロースは、ものごとへの取り組み方には二種類あると考えた。ひとつは「エンジニアリング」、もうひとつは「ブリコラージュ（器用仕事。寄せ集めで何かをつくったり、修繕して使ったりすること）」だ。

エンジニアリングアプローチは、特定の道具を必要とする。チェイサーはリソースの役割について狭い見方をするので、こちらの部類に入る。たとえば壁に釘を打たなければならないとき、彼らは金槌《かなづち》を買いに行く。そのとき、適正なサイズ、形状、重さの金槌がなければ機能しない。チェイサーはまた今後のことも考えて、いますぐ必要でなくても、できるだけたくさんの道具をそろえておこうとする。やがて道具箱はどんどん大きくなり、なかに何があるのかも思い出せなくなる。

一方、ブリコラージュは身のまわりの道具を活用する。ストレッチャー好みのアプローチだ。たとえば、近くに岩しか見つからなければ、それを使って釘を打ってみる。レンガでもいいし、缶詰やハイヒールや大きめの懐中電灯でもいい。

エンジニアリングであろうがブリコラージュであろうが、壁に釘を打ちつけることはできるが、結果はずいぶん違ってくる。エンジニアリングの場合は、正式な釘打ち法だから、じつにエレガントで心地よいソリューションに見える。大工が麺棒を持って仕事に来たら変だろう。だが、この考え方を日常的な意思決定の多くに当てはめようとすると、手間がかかる。道具探しに時間と労力が費やされ、正しい道具がなければ途方に暮れる。おまけに、自分以外の者がもっとよい道具を持っていたら不愉快な気持ちになるし、「こんな道具箱ではやっていけない」と考えたりする。

一方、ブリコラージュの場合は、手元に金槌がなくても切り抜ける。あえてホームセンターへは行かず、手持ちの道具を最大限に利用することを自分に課すとどうなるか？　生活ががらりと変わる。すでにあるものをもっと上手に使えるのだから、心が安らいで楽しくなる。

ストレッチとは、たんに制約を克服するための創意工夫ではない。それは問題解決をサポートするだけでなく、つねに成功を収め、よりよい人生を過ごすためにはどうしたらよいかという「人生観」にもつながるのだ。

＝

「バン・マン」は、一九七八年製の古びたフォルクスワーゲン・ウェストファリアに住んでいる。キャンプ用のバンが住みかだから「バン・マン」。人は愛情をこめてそう呼ぶ。車のほうは、テレビ番組『スクービー・ドゥー』の登場人物にちなんで「シャギー」と呼ばれている。

シャギーのエンジンが故障すると、バン・マンはダクトテープ（強力粘着テープ）で修理を試みる。修理工場へ持って行くのは面倒だし、お金もかかるからだ。食事は携帯コンロで健康的なメニューを自炊する。

二〇一五年の一時期は、フロリダ州ダニーデンにあるウォルマートの駐車場の、大型ごみ容器の後ろに車を停めていた。すぐそこがスーパーなので便利このうえなかった。昼間はショッピングカート置き場のバーで懸垂ができるから、体型維持もばっちり。シャギーのなかはけっして広くないが、わずかな持ち物をしまうスペースは十分にある。ジーンズ一本、寝袋、日記帳（夜、小説を読まないときにつける）。

一風変わった生活環境とはいえ、バン・マンはこれが気に入っている。他人の持ち物や財産に気をとられることなく、いまの自分にあるものに感謝して過ごせるからだ。それに、もともと好きなアウトドアライフにも近い。

ときどき買い物客が、いったいどういう人だろうとばかりに覗いていく。なかにはあまりの窮状に同情して、お金や食べ物を恵もうとする人もいるが、彼は丁重に断る。そしてこのとき、立ち止まって話を聞いた買い物客は、驚くべき事実を知ることになる。

じつは、バン・マンは百万長者なのだ。その辺の邸宅くらい簡単に買うことができる。ウォルマートの駐車場を選んだのは、ホームレスだからではなく、そのほうが夢をかなえるための「ストレッチ」にふさわしかったからだ。「バンで暮らすと感謝の気持ちを持たざるをえない」と彼は言う。「人生はぼくにとって海のようなものなんだ。よい波もくれば悪い波もくるけれど、結局はどんな波にも乗らなくちゃならない」

ウォルマートの駐車場で暮らしていると、通勤もたった五キロほどで便利だ。職場の駐車場では、同僚たちの豪華なスポーツカーや派手なSUVの隣に堂々とシャギーを停める。携帯コンロで沸かしたコーヒーを味わったあとは、いよいよ仕事へ。多くの子どもたちが憧れる仕事である。

バン・マンの本名は、ダニエル・ノリス。メジャーリーグの野球選手だ。

二〇一一年、ノリスはトロント・ブルージェイズの投手で一番の有望株だった。契約金二〇〇万ドル。それを受け取ったとき、彼は誰もがするように「買い物」に出かけた。同じチームのある新人は、さっそく契約金を現金に換え、地元のショッピングモールで三時間もかけて爆買いをした。他のチームメートも、何万ドルも使って洋服や電子機器を買い込んだ。だが、ノリスが買ったのはただひとつ、一四ドルで安売りされていたコンバースのシャツだけだった。「お金があるから昔より贅沢な買い物をしなければ、とは思わない」と彼は言う。

それればかりか、多額の年俸で契約したノリスは、こんなにお金をもらったら生活がめちゃくちゃになり、愛する野球に身が入らないのではないかと不安になった。そこで月の生活費を八〇〇ドル（最低賃金で働くフルタイム従業員の月給のほぼ半分）と決め、残りは安全な投資にまわすことにした。

子どものころ、ノリスの家庭はあまり裕福ではなかった。友だちがシーズンごとに新しいバットやグローブを買ってもらっても、彼は古い道具を大切に使いつづけた。それでも両親を恨むことはなかった。「必要なものは必ず持たせてもらったから。子どもは何でもほしがるものだけど、ぼくは少しずつ着実に、手元にあるものに感謝するようになった。そんなふうに育ててもらって、むしろありがたいと思ってるよ」

莫大なお金を手に入れたというのに、ノリスはさらに、チームメートが思いつきもしない行動に出た。副業に就いたのだ。シーズンオフになると、故郷のテネシー州ジョンソンにあるアウトドアショップ「マホニーズ」で週四〇時間働いた。もちろん生活のためではない。たんに働くのが楽しかったからだ。シーズンオフには、ニカラグアの旅も楽しんだ。あちこちのホステルに泊まり、ジャングルを歩きまわった。

当初、球団関係者は戸惑った。なんでこれほどのスター選手が、チームメートと同じように豪華な旅行に出かけたり、マイアミでパーティに明け暮れたりしないのだろう？　でもやがて、彼のライフスタイルは、大好きな野球に集中するためだということがわかってきた。

ダニエル・ノリスの夢は、投手として大成すること、そして自然の神秘を知ることだ。どちらも大金を使う必要はない。バンで寝起きすることで、彼はチェイシング的なメンタリティから逃れている。多くのスター選手がそのメンタリティのせいで破産し、意気消沈しているのとは対照的だ。

二〇一五年の夏、ブルージェイズはノリスをデトロイト・タイガースにトレードに出した。その数週間後、彼は背番号44のユニフォームを着て、ハイスクール以来の打席に立ち、みごとホームランを放つ。この瞬間ノリスは、シカゴのリグレー球場でホームランを打った初のアメリカンリーグの投手、そして初打席でホームランを放ったベースボール史上一九人目の投手になった。

ダニエル・ノリスを初めて見た人は、たぶん百万長者やスター選手だとは思わないだろう。ディック・イングリングのブルワリーの企業価値が一〇億ドルを超えると予測した人もいないだろう。スポーツの花形選手は高級車に乗るはずだし、企業はできるだけ速く成長しようとするはずだから。百万長者は豪邸に住むはずだし、企業はマーケティング予算を増やして売上を伸ばすはずだから。間に合わせのやり方で解決するのは、お金のない人や会社だけだ――。

だが、本当は違う。ストレッチにお金の有無、リソースの多寡は関係ない。ディック・イングリングとダニエル・ノリスが学び、私たちに教えてくれるのは、どんな個人や組織であれ、ストレッチによって偉大な成果を出せるということである。

あなたも、切羽詰まった状態でなくても、あえてストレッチを選んでほしい。

変化に強い働き方、生き方になる

本書の第二のねらいは、チェイシングを回避し、常時ストレッチを受け入れる方法を伝えることにある（バンに住めというのではない！）。困難な状況からどうやって抜け出すかという話にとどまらず、自己実現のために、いままでとまったく違う生き方や働き方を選択する——それがストレッチである。

すでに成功を収め、満足しているとき、人は本能的に現状を維持したくなる。リソースの使い方にしても、過去にうまくいったのと同じやり方を踏襲しがちだ。だが、そのあいだに世界は変わりつづける——仕事は進化し、顧客の好みは変化し、ライバルは成長（縮小）し、家族は歳をとり、技術は進歩する。すると、かつては大いに役立ったリソースが急速に価値を失っていく。

スウェーデンの会社ファシットも、そのことを学習した。かつて事務機器類の大手メーカーとして成長中だった同社は、さまざまな製品を出していたが、経営幹部はなかでも計算機が有望だと判断した。

その読みは当たった。他の事業には見向きもせず、計算機の品質改善とコスト削減に邁進した結果、ファシットは計算機市場を独占しはじめた。さらに事業スピードを加速させるために、多額の借金をして製造能力を拡大した。計算機づくりの腕前もめきめき上がり、不良品をほとんど出さなかった。

八年間で社員数は一・七倍、利益は倍以上になった。ピーク時の社員は一万四〇〇〇人。五カ国に二〇の工場を擁し、一五カ国に営業所を展開した。顧客、経営陣、従業員、みんなにとってめでたし、めでたしである。

ところが、何の前ぶれもなく危機が訪れた。同種の製品では随一と言われるほど高い品質を維持していたのに、気づけば誰もファシットの計算機をほしがらなくなっていたのだ。売上が激減し、安泰だった経営陣は退陣、社員たちも職を失った。輝かしい業績を誇ったファシットは、ものの数年で倒産寸前に追い込まれ、残存資産をライバル企業に売却せざるをえなくなった。

ファシットがつくっていた良質の計算機は機械式だった。一九六〇年代はそれでよかったが、一九七〇年代に入ると日本のメーカーが電子計算機を大量生産しはじめ、事情が変わった。ファシットでも電子計算機をつくろうという動きが出たが、経営陣はコア事業である機械式計算機の邪魔になるとして、それにストップをかけた。

だが、同社の機械式計算機がいくら高性能でも、電子計算機にはかなわなかった。

成功は往々にして私たちを盲目にし、最初の成功要因へのこだわりを強くさせる。「壊れていなければ直すな」という決まり文句のように、いつものやり方に固執してしまう。

実際、経済学や心理学のさまざまな研究によれば、現状維持を好むのが人間の自然な姿らしい。仕事を楽に進めたい、いままでどおりの流れでチームを運営したい、成功した市場でビジネスをしたい……。たしかに、現状の延長線上でことにあたれば、短期的にはうまくいくかもしれない。ただ、ファシットのようにことさらうまくことが運ぶと、今度はそこから抜け出すのがますます難しくなる。

いくらこちらが自己満足していても、周りの世界はつねに動いている。需要の高いスキル、パフォーマンスの高いチーム、他に類を見ない製品、業界随一の機械式計算機……、どんなに貴重だったリソースでも、あっという間に価値を失いかねない。

周りが変化しているときに何もしなければ、どうなるか？　必ずその変化の餌食になる。本書の第三のねらいは、そこからくるものだ。ビジネス、仕事、生活、そして世の中の不透明さが増すほどに、ストレッチの必要性は増していく。ストレッチによって、予測のつかない状況にも適応できる能力がいかに身につくかを、あとの章で伝授しよう。

ストレッチ実現までの道筋

何かをやろうとしたとき、必要なものがすべて手元にあることは稀である。もしも、組織のリーダーやメンバー、子育て中の親、地域社会のボランティアなど、あらゆる人がストレッチおよびその可能性を受け入れれば、いまよりずっと満足のゆく成功を収めることができるだろう。

そこでこのあとの章では、まずチェイシングからストレッチへの発想の切り替えに焦点を当てる。何よりも、リソースをめぐる一般的な考え方から自由になることが重要だ。ストレッチを実践するようになった各方面の人たちも紹介しよう。

次に、誰もが持っているのにちゃんと気づいていない（あるいは使ってもよいと感じていない）ストレッチの才能を呼び起こす方法を紹介する。ストレッチャーが、他人より知識が少なくても大きな価値を生み出すのはなぜか、といったことも説明する。また、一見リソースに恵まれない人材でも、やり方次第で成長させられることも解説しよう。

そして締めくくりとして、ストレッチ強化の簡単な（しかし効果絶大な）トレーニング方法を紹介する。

ストレッチとは、目標を達成し、チャンスをつかみ、目の前の素材を最大限活用するためのワークスタイルであり、ライフスタイルである。チェイシングをやめ、ストレッチを身につけることで得られる果実、それはあなたの手の届くところにある。

2

隣の芝生はなぜ青い？

リソースを追い求める「四つの要因」と「弊害」

シリコンバレーにひっそりとたたずむ町、カリフォルニア州ウッドサイドは、乗馬道やセコイアの木が目立つ、住民五〇〇〇人余りの高級住宅地だ。緑豊かな敷地には、アーキテクチュラル・ダイジェスト誌に出てきそうな、プール付きの広々とした屋敷がそびえたつ。平均世帯収入約二〇万ドル。スティーブ・ジョブズ、ラリー・エリソン、ニール・ヤングといった人たちが、この町を故郷と呼んだという、米国一裕福な地域のひとつである。

しかし、その裏には大きな皮肉が隠されている。じつは、ここはきわめて裕福な場所でありながら、水が乏しいのだ。それでも、住民の行ないはあまり変わらない。カリフォルニア州最悪といわれる干ばつが起きたときも、大邸宅の芝生を維持するために何万リットルもの水が使われた。三〇〇軒の高級住宅が一カ月に使う水の量は、じつに世帯当たり平均二八万リットル以上。近隣のあまり裕福でない町、イーストパロアルトの月平均五七〇〇リットルと比べてほしい。

カリフォルニアの一部の金持ちが水危機を無視したのは、これが初めてではない。一九九〇年をピークとする前回の干ばつでは、ハロルド・シモンズという億万長者が水の使用をめぐって地元自治体と争った（この実業家は、二〇〇四年の大統領選でジョン・ケリー候補を攻撃するCMに資金援助したことで有名）。彼は二万五〇〇〇ドルの罰金を払い、めったに訪れることのない屋敷で年三八〇〇万リットル近い水を消費した。なんと平均的な四人家族をほぼ三〇年養える量である。自治体側が供給量を制限しても、シモンズはタンクローリーで水を持ち込んでスプリンクラーを稼働させつづけた。

いや、同州にかぎらない。じつのところ、全米中の住宅所有者が、どうにかして芝生の緑を保とうとする。なぜなのか？

バンダービルト大学の研究者たちは、テネシー州ナッシュビル周辺の住民にインタビューし、芝生の手入れの実態を調査した。すると、「近所の家に負けたくない」という意識が、芝生の維持に多くのリソースを投入する原動力になっていることがわかった。年齢、学歴、資産などを考慮しても結果は変わらなかった。「家」は究極の成功の証であり、その成功を誇示するのにうってつけの場所である。青々とした芝生は、そこに住む人の富の象徴だった。

この分析は、私たちが行なう選択についても、たくさんのことを教えてくれる。人は、他人が持っている、または欲しがっているという理由で、自分もそれを手に入れようと夢中になる。緑の芝生にかぎらず、人の幸福や成功に関わる多くの領域で観察されるのが、チェイシングという行為だ。

チェイシングがいかにわれわれの機能や達成感を損なうかを知れば、それがストレッチ推進の第一歩になる。以下、具体的に説明していこう。

不幸を呼ぶ「比較」――その実例

デイリー・メール紙は、二〇一二年のロンドンオリンピックの際に、メダリストたちの写真を見て、一部の勝者のあいだに驚くべき共通のパターンがあることを発見した。

四〇〇メートル自由形リレーに出場したアメリカの水泳選手、ネイサン・エイドリアン、マイケル・フェルプス、カレン・ジョーンズ、ライアン・ロクテは、表彰台の上でメダルを胸に沈鬱な表情を浮かべていた。コロンビアの自転車選手、リゴベルト・ウランは何だかがっかりしているように見えた。アメリカの体操選手、マッケイラ・マロニーの顔はまるでメダルが気に食わないかのように歪んでいた。スペインのトライアスロン選手、ハビエル・ゴメスはひどく悲しげだし、中国のバドミントン界のスター、王儀涵《ワン・イーハン》はメダルを受け取るときに涙を懸命にこらえていた。

じつは、彼らはみな銀メダリストだった。

といっても、この観察結果は、ノースウェスタン大学の研究者ビクトリア・メドベックらにしてみれば不思議でも何でもなかった。彼女たちは一九九二年のバルセロナオリンピックのテレビ映像をNBCから借り受け、アスリートたちの競技終了時と表彰式での反応を選び出して編集した。そのあと、二〇人の大学生に競技結果を知らせないままそれを見てもらい、各選手が競技終了後と（メダルをとった場合）表彰台で表した感情を一〇段階（苦痛〜有頂天）で評価するよう依頼した。

すると、銀メダリストより銅メダリストのほうが「有頂天」に近いスコアを獲得する傾向が強い、という結果が出た。銅メダリストのほうが成績は劣っているのになぜか？　これを説明するため、メドベックらは競技直後のメダリストへのインタビュー映像もNBCから入手した。そして、前とは別の一〇人の学生に、選手たちの気持ちや考えの表し方が「少なくとも私は」に近いか、「もう少しで私は」に近いかを評価してもらった。「少なくとも私は」タイプの発言は、自分のなし遂げた成果にフォーカスしている。他方、「もう少しで私は」タイプの発言は、自分がなし遂げられなかった成果を強調している。

学生たちにはまた、選手が自分より成績が下だったライバルとの比較をしているか、自分より上だった人との比較をしているか、それとも誰とも比較をしていないかも評価してもらった。

その結果、銀メダリストは銅メダリストよりも、なしえなかった成果（金メダル獲得）を強調する傾向が強いとわかった。また、金メダリストと比較して自分の成績を卑下する傾向も強かった。対照的に、銅メダリストは自分の成果（メダルの獲得）を強調する傾向にあった。

家のオーナーが芝生の緑を維持するのも、ロンドンオリンピックのアスリートが銀メダルを悲しむのも、謎を解くカギのルーツは、世界的に著名な心理学者レオン・フェスティンガーの研究にさかのぼる。フェスティンガーは一九五四年、人には自分の立ち位置を知ろうとする基本的傾向がある、という説を提唱した。

彼いわく、他人と切り離して自己を評価するのは難しい。たいていの人は、富、知力、地位などの気になる点について、他者と比べることで自己を知りたがる。指標となるのは、簡単に測定できるものだ。たとえば、車の値段、オフィスの広さ、予算の規模、芝生の緑、さらにはメダルの色など。会社から与えられた約一四平方メートル（四坪ほど）の部屋は、まわりに一一平方メートルの部屋が多ければ「広い」が、一七平方メートルの部屋が多いなら「狭い」。

自分より優れている者との比較は「上方社会的比較」と呼ばれる。ときどき上を見るのは発奮材料になるが、他者の持ちものばかりを気にしていたら危険である。こっちのリソースはなんと乏しいのか、という気持ちになってしまうからだ。自社の予算に満足できるのは、他社の予算がそれ以上だと知るまで。六％の昇給に喜べるのは、他社が八％昇給したと知るまで。社会的比較は、つねに自分より持てる者と比べることで、創意工夫によって達成できるはずの多くの成果を見失わせてしまう*。

だがやっかいなことに、上方社会的比較は自分の基本的な立ち位置を知る助けになるから、やめるのが難しい。出会い系サイト「マッチドットコム」の創設者である起業家のゲーリー・クレメンは、シリコンバレーでみずからが置かれた立場を、憂鬱そうにこう表現した。「ここでは、一〇〇〇万ドルくらいでは相手にされません」。上方社会的比較にとらわれると、クレメンのような人物でも、自分自身に失望せざるをえないのである。

心理学者は、これをランニングマシンにたとえる。私たちの心は、リソースが増えればランニングマシンのスピードを上げるが、マシン上にとどまるためには、それ以上リソースが手に入らなくても速く走りつづけなければならない。比較の対象を「自分より持っている人」にすると、いつまでも失望しっぱなしである。

銀メダリストは金メダリストを見上げ、金メダリストは金メダル複数回受賞者を見上げる。百万長者は億万長者をうらやみ、カリフォルニア州ウッドサイドの住民は誰が「トップ」かを知るため、近隣の調査をやめられない。緑の芝生にせよ、金色のメダルにせよ、人は上方社会的比較によって現状に不満を覚え、もっと上をめざしたくなる。

超高級住宅街に住む人はめったにいないとしても、私たちの周りには何らかの面でこちらにないものを持っている人がいるものだ。そのうえ、休みなく情報が更新されるソーシャルメディアによって、上方社会的比較はもはや生活の一部になった。そこでは、フェイスブックの友だちが山に登った、高価な服やデバイスを買った、という話はよく目にするものの、医者で待たされた、請求書の支払いをした、仕事の報告書を書いた、オイル交換に行ったといった、ありふれた日常風景はあまり見ない。

景気のいいビジネスの話題も盛りだくさんだ。新しい仕事、昇進、資格取得……。大手・中小問わず、あらゆる企業がソーシャルメディアを使って自社の業績や成果をアピールする。しかし、公開を前提に注意深く作成されたこうした情報が、比較によって人々の気分を滅入らせるという、思わぬ（場合によっては予測どおりの）影響をもたらしている

＊上から下を見る「下方社会的比較」もある。たとえば、仕事で自分たちの重要性を確認したければ、一一平方メートルの自室を出て、小さなパーティションの列を通り抜けて冷水器まで行けばよい。一四平方メートルの部屋は避けて通るのがミソである。下方社会的比較は人のやる気を高めることもある。組織心理学者のデビッド・メイヤーは最近、「良性の妬み」に関する研究結果をまとめている。www.fastcompany.com/3060994 を参照。

のだ。

ある研究者グループは、ソーシャルメディアがチェイシングに与える影響を知るため、一日五回、二週間にわたって、多様な文化的バックグラウンドを持つ八二人の被験者にメールを送信した。

メールは、午前一〇時から夜中の一二時までのランダムな時刻に届く。それぞれのメールには、アンケートへのリンクが記載されており、次のような質問がされる。「いまどんな気持ちですか」「どれくらい不安ですか」「どれくらい孤独ですか」「前回の質問以降、フェイスブックをどれくらい使いましたか」「前回の質問以降、知り合いと直接会ったのはどれくらいですか」……。その回答から、被験者の幸福度や生活満足度を測定したところ、フェイスブックの利用時間が長い人ほど悪い結果が出た。上方社会的比較が原因ではないかという。被験者のフェイスブックへの投稿も、七八%はよい話題で、よくない話題は三六%だった。

「使い方」を決めつけていないか?

チェイシングは人を不幸にするだけでなく、リソースが持つ見かけ以上の可能性を見えなくし、ストレッチの能力を低下させる。これに対してストレッチは、眠れるポテンシャルを引き出してくれる。ちょうど私の幼いころのヒーローのように。

子どものころ私は、『冒険野郎マクガイバー』というテレビ番組をよく見ていた。一九八〇年代のことだ。諜報部員のアンガス・マクガイバーは、ポケットナイフやダクトテープなど、そのへんにある日用品を使ってあらゆる問題を解決する（そして命を救う）。特別なリソースがなくても、マック（友人たちは彼をそう呼ぶ）はペーパークリップで爆弾を阻止し、エンジンオイルを使ってすりガラスの向こうを覗き見る。アクションヒーローにつきものの技に頼ることなく、科学の力で日用品を悪党や犯罪者と戦うための道具に変えていった。

その創意工夫の才は、ときには諜報以外の仕事にも応用された。番組のある回で、マックはハイスクールのアイスホッケーチームのコーチを引き受けた。このチームのスタープレーヤーは、身体的には優れているものの精神的には未熟。そのせいで、しょっちゅうラフプレーを犯してはペナルティボックスに入った。ときには敵を病院送りにした。そこへプロホッケーの不埒《ふらち》なスカウトが現れる。彼は不振をかこつチームのテコ入れ策として、キレやすいこの選手に敵を威嚇させたり、乱暴狼藉を働かせたりして勝ちをもぎとろうとする。だが物語の最後、マックはこの青年を単なる問題児ではない存在として受け入れる。そして、成功の意味を考え直させ、彼をリンク上でもリンク外でも改心させる。

多くの人が困難だと考える状況（限られた手段、問題を抱えた青年）に直面しても、マックは自分が持っているものの価値を精一杯大きくすることに努めた。だが、チェイサーたちのやり方はそれとはまったく違う。リソースが多ければよい成果が出ると信じる彼らは、何でもできるだけたくさん入手しようとする。そして入手困難になると（もっと大きなオフィスに移れなくなるとか、余分な人員を雇えなくなるとか）、プロジェクトは棚上げになる。

チェイサーがマックを見習えない理由は、「リソースの用途は特定のものに限られている」と思い込んでいるからだ。ペーパークリップは紙を束ねるもの、ライバルは自社ビジネスの脅威になるもの、地図は正確な方角を示すものという具合に。ところがマックのようなストレッチャーから見れば、リソースはいろいろな目的で使うことができる。ペーパークリップで傷口を閉じ、ライバルの知見を利用して自社の製品を改善するというように。

リソースに対する見方が狭いチェイサーの頭のなかを説明するため、ここでアレクサンダー・カランドラという科学者兼教師が語ったとされる話を紹介しよう。自分がその話の主人公だと仮定してほしい。あなたは物理の学生である。一生懸命勉強したおかげで、物理には相当詳しい。

ある日、あなたは担当教師に呼ばれて、物理の知識がどれくらいあるかを試される。出されたのは次のような問題だった。「気圧計を用いてビルの高さを測るにはどうすればよいか」。教師にすれば念には念を入れて考えた問題だ。正解はひとつ――ビルの一番上で気圧計の数値を計測し、ビルの一番下で測った数値と比較する——しかないはずだった。

ところが、あなたはいくつかの違う答えを提供する。「ロープの先に気圧計を結びつけ、それをビルの上から地面まで下ろし、ロープの長さを測る」「気圧計を持って階段を上りながら、それを物差しとして使う」「ビルの管理人に気圧計をあげる代わりに、ビルの高さを教えてもらう」……

このように従来にはない方法で気圧計を使えるのは、思わぬ方向に考えを膨らませることができるからだ。伝統的な物理にすっかり染まった担当教師は、気圧計を問題解決に活かすいろいろな方法に気づけない。それと同じように、チェイサーは気圧計をはじめとするリソースを、額面どおりに扱ってしまいがちだ。

この物理教師のような柔軟性のなさを、心理学者は「機能的固着」と呼ぶ。伝統的な用途以外にリソースを利用できない、という意味だ。通常、人は歳をとるにつれて社会的慣習にからめとられ、何か道具があっても、一般的な用途以外の使い道を思いつけなくなることが知られている。

伝統や慣習に最もとらわれない人たちがいるとすれば、それは子どもだ。リソースの適切な利用法について、彼らはまだ十分に社会化されていないからだ。研究者のティム・ジャーマンとグレタ・デフェイターは、子どもたちに積み木、鉛筆、消しゴム、ボール、磁石、ミニカー、木箱を見せてこう言った。「『クマのボーボー』は脚が短くてジャンプできないけれど、高い棚の上にあるライオンのぬいぐるみがほしいんだ」

さて、子どもたちはそこにある道具だけを使って、ボーボーの手助けができるだろうか？

子どもは成長するにつれて認知技能が発達し、難しい問題も解けるようになる。実際、研究対象となった年長の子ども（六〜七歳）は、年少の子ども（五歳）よりも早く正解（木箱を支えにしてその上に積み木を載せる）にたどり着いた。

しかしある条件下では、年少者のほうが年長者よりも優秀だった。その子たちがとりわけ早熟で才能ある子どもたちだったわけではない。芸術的センスがあったからでもない。じつは研究者たちが、リソースの見せ方をほんの少し変えただけだった。すべてのリソースをテーブルに広げる代わりに、木箱を入れ物にして、そのなかに磁石や鉛筆など他のリソースを入れたのだ。こうすると、年長の子どもは木箱を入れ物としてしか見ることできなかったが、年少の子どもには、木箱も他と変わらぬリソースのひとつだった。

企業も機能的固着の犠牲になる。妻のランディは、二〇〇二年から書店チェーンのボーダーズで働きはじめたが、その一年前から、同社はウェブサイトをアウトソースし、実店

舗での売上増に集中しようとしていた。いちばんのねらいは、店舗の増設によって、最大のライバルであるバーンズ・アンド・ノーブルから市場シェアを奪うこと。経営陣が考える顧客像は、あくまで「書店に来て製本された本を買って帰る人」だった。だが同社にとってその思考は、伝統的な用途に固着した「木箱」にほかならなかった。

アウトソーシング契約を結んだとき、CEOのグレッグ・ジョセフォウィッツは次のように語った。「オンラインで顧客ニーズを満たすのはそれが最も得意な人たちに任せ、私たちは自分たちが最も得意とするものをお客様に提供します。すなわち、魅力あふれるショッピング空間で本や音楽、映画を買い求めるという体験です」

そしてどうなったか？　顧客は店舗での購入をやめてオンラインでの購入に寝返った。そのオンラインを任されていたのが、アマゾンだった。

アウトソーシングの契約を締結したとき、アマゾンのCEOジェフ・ベゾスは大喜びし、ボーダーズの経営幹部にシャンパンをケースごと送ったという。ボーダーズの顧客を諸手を挙げて歓迎した彼は、人々が買う商品のデータを大量に収集し、商品ラインナップを拡充し、さらなる顧客を獲得していった。

だが運命の契約締結から五年後、ボーダーズは新たな動きに出た。そのころ、ランディは電子書籍の可能性を探る仕事を担当していた。ネットで紙の本を扱うビジネスはアマゾンが独占しはじめていたが、デジタル書籍なら勝機があるはずだ――そう考えた彼女たちのチームは、アマゾンのキンドル、アップルのｉＰａｄに先駆け、電子書籍用デバイスとして世界で初めて商業的に成立すると目されていた「ソニー・リーダー」の独占販売権獲得に動きはじめたのだ。

ランディは新しくＣＥＯになったばかりのジョージ・ジョーンズのオフィスに行き、デバイスのデモをした。ジョーンズは好印象を受けたようだった。それでも結局「実店舗で紙の本を売る」という従来のビジネスモデルへのこだわりは変わらなかった。

二〇〇六年は、ボーダーズが利益を出した最後の年となった。ランディはそれからまもなく、経営陣の狭量な見方に嫌気がさして会社を辞めた。五年後、同社は破綻した。

いくら稼いでも不幸な人の特徴

ここまで、チェイシングを支えるふたつの要因、「社会的比較」と「機能的固着」を見てきた。前者は、他の人よりもリソースを増やそうとするため現状に失望し、結果として手元のリソースの価値を見逃しがちになる。後者は、リソースに対する見方が固定化し、手持ちのものでは限りがあるからもっと入手しなければと考えがちになる。

だが、チェイシングに走る要因はまだある。それが「無分別な収集」だ。できるだけリソースを集めようとするのは、具体的な目標があるからではなく、集めること自体が目的化しているからでもあるのだ。

シカゴ大学教授のクリストファー・シーらは、おもしろい実験を行なった。まず、被験者に楽しい音楽を聴いてもらい、ボタンを押せば一口サイズのチョコレートがもらえるようにする。ただし、ボタンを押すごとにノコギリで木を切るいやな音がして、音楽は途切れてしまう。

そのうえで、被験者は「高獲得者」と「低獲得者」に分けられる。高獲得者はチョコをひとつもらうためにボタンを二〇回押せばいいのに対し、低獲得者は一二〇回押さなければならない。そしてここが重要なのだが、研究者は実験の最初に、余ったチョコは持って帰れないと告げておく。

その結果、高獲得者は平均で一〇・七個、低獲得者は二・五個のチョコをもらい、手にしたチョコレートをその場で食べた。食べた数は、高獲得者が平均四・三個、低獲得者が一・七個。どちらのグループも、食べられる量以上のチョコを獲得したことになるが、高獲得者のほうが食べられる量を大きく上まわっていた。高獲得者はできるだけたくさんのチョコを集めることを重視し、全部を食べたいか（そもそも食べられるか）についてはあまり考えなかったのだろう。

さらにシーは、追跡実験で何人かの任意の被験者に、「もらえる上限は一二個までだ」と告げた。すると、上限を告げられた被験者は八・八個のチョコを獲得し、上限のない被験者は一四・六個を獲得した。もらえる量に上限が課されると、必要な量とほしい量のあいだでうまく調整がなされた格好である。事実、その後に被験者が食べたのは、どちらのグループも平均で六・七個だった。つまり上限を課された人のほうが、実際に食べる量に近いチョコレートを集めたことになる。

チェイサーにとっては獲得する数量が何より重要なので、「たくさんのチョコ＝優れた成果」になる。しかし、上限を課されなかったグループのほうが満足度は低かった。満足度が高かったのは、むしろ上限を課された被験者のほうである。チェイシングによってたくさんのリソースが得られても、それは目標達成に必要ないものであることが多い。それればかりか、チェイシングのせいで疲労困憊してしまう。

これを防ぐには、「何が本当にしたいのか」を問う必要がある。

＝＝＝

二七歳のジョシュア・ミルバーンは、この問いを何年も発していなかった。地域電話会社大手のシンシナティ・ベルで最も若いディレクターである彼は、現場の店員からオペレーション担当ディレクターになり、一五〇の小売店を監督している。大学は出ていない。昇進を繰り返し、私生活も充実するにしたがって、つきあう仲間がどんどん変化していった。かつては同じ店員たちといっしょに過ごしていたのに、いまではエグゼクティブとのつきあいが増え、周りは自分より肩書が上で金持ちの人間ばかりになった。

景気は悪くなかったし、六桁の年収、何台もの高級車、広々とした家はまさしく成功の証だった。経営幹部をめざして憚《はばか》らないミルバーンは、自分はアメリカンドリームを体現していると思った。二〇一四年のある調査では、一八二一人のアメリカ人のうち八〇％が、アメリカンドリームの実現は一〇年前より難しくなっていると答えている。これを踏まえると、ミルバーンの実績はますます際立って見えた。

だが、持てる者と持たざる者との格差が大きいと、チェイシングのメンタリティになりやすい。ミルバーンはそれなりに稼いでいたが、周りの人たちはもっと稼いでいた。倍の努力をしなければ、と彼は思った。

昇進・昇給の途上、ミルバーンは自分が本当は何をしたいのかを考えることなどなかった。なぜ「もっと上」を追い求めつづけるのか、そもそもアメリカンドリームとは何なのかも考えなかった。

そして、悲劇が訪れた。母親が亡くなり、その数週間後に妻から離婚されたのである。悲しいできごとではあったが、それを契機に彼はチェイシング、すなわち追い求めつづける暮らしをやめた。この悲劇をきっかけとして、チェイシング一辺倒の人生から抜け出し、ストレッチを通じて生涯の満足をめざしはじめたのだ。

ミルバーンは何年かぶりに、それまでの人生を振り返ってみた。社会的比較と無分別な収集がミックスした危うい人生……。アメリカンドリームが描いて見せるのは、幸福へのごく細い道筋にすぎないことを思い知った。期待をあおり、不要なものまで追い求めなければならないと思い込ませる一方で、そのために払う犠牲には目を向けさせない。それがアメリカンドリームだった。

チェイシングは長年ミルバーンの欲望を駆り立てつづけたが、最終的に彼に残されたものはむしろ乏しかった。成功の証となるあらゆるものを手に入れたにもかかわらず、不安や不満にさいなまれた。だから、さらなる昇進を遂げることで自分をなだめようとした。お金を稼ぎ、ほしい(はずの)ものを買えば心も安らぐだろう、と。だが、消費による慰安は問題を悪化させた。稼ぐ以上のペースで使い込み、結局は多額の借金を抱えた。

仕事で他の人に遅れをとらないよう働きに働いたせいで、心身の健康も損なった。私的な人間関係を犠牲にし、生への情熱や活力も失った。「年三六二日、週七〇時間から八〇時間働いていたあいだ、最も大切なことに目を向けていなかったのです。結婚生活においても、それ以外の人生においても、私というものは存在していなかった。仕事は嫌いではありませんでしたが、それ以外は空っぽも同然でした」

ミルバーンの理解を裏づけるような研究がある。ある研究者は、ヨーロッパの専門職の人たちが修士号取得後七年間でたどった道のりを追跡した。対象は女性八二五人、男性一一〇五人。そして彼らに、「お金をたくさん稼ぎたい」「仕事で高い評判を得たい」など、チェイシングをめぐる質問に回答してもらい、卒業後三年および七年がたった時点で、どれくらいお金を稼いでいるかを調査した。

すると、チェイシングの傾向が強い人は三年後にはたしかに高給を稼いでいたが、七年後には必ずしもそうではなかった。さらに、チェイシングの傾向が強い人は七年後の仕事への満足度が低かった。期待値が高すぎるからずっと失望してばかりなのではないか、と研究者は結論づけた。他の成功者と比べたときは、とくに失望が募る。チェイサーは誤った理由で一生懸命働き、そのせいでみじめな思いをしているのだ。

抑制不能なチェイシングへの志向は、組織も同じである。それが最も顕著に表れたのは、歴史上最大規模の「富の破壊」が起きたあのときだろう。

勝者なき競争

二〇世紀の終わりから二一世紀初めにかけて、シリコンバレーは最新のゴールドラッシュの舞台となった。ドットコムバブルは打ち出の小槌さながらだった。毎週のように新しい会社が新規株式公開（ＩＰＯ）を果たし、出資者や従業員を潤わせた。アイデア以外には何も持たない（もちろん利益など出していない）スタートアップ企業が、時価総額数億ドルの公開企業になったりした。

ペッツ・ドットコムは、そんなバブル時代の代表選手だった。創業初年度に一二〇〇万ドル近い広告費を使って、六一万九〇〇〇ドルの売上を計上。二年目（かつ実質的に最後の年）には、スーパーボウルの三〇秒CMに一〇〇万ドル以上をつぎ込んでウェブサイトへの注目を集め、そこで原価割れで商品を安売りした。それでも創業者と最初の社員たちは、ごくわずかな期間ながら、少なくとも書類上は大金持ちになった。

しかし、NASDAQに一株一一ドルで上場してからわずか二六八日後に、同社は最後の終値二二セントをつけて破綻した。三億ドル相当の自由なお金をどぶに捨てたのだ。

ドットコム企業はどこも、きわめて貪欲にリソースを追い求めた。その中心は、資本とエンジニアだった。彼らは「豊富なリソース＝優れた成果」というチェイシングの原理に則《のっと》って、できるだけたくさんのリソースを獲得し、消費し、さらに獲得することを繰り返した。そうやって、一見無尽蔵に供給されるリソースを燃料にしながら、少しでも早い成長をめざしたのだ。オーバーワーク気味の社員には将来の大きなリターンを約束し、さらにはマッサージからテーブルサッカーゲームまで数々の特典で報いた。

金庫の現金が減ると新たな資金を補充するのも、新しい特典やストックオプションで社員の気持ちを盛り立てるのも、手法としては同じだ。リソースの供給が続くかぎり、企業にとっても社員にとっても、シリコンバレーでのビジネスライフは充実していた。

だが、ある日その供給が途絶えると、リソース使い放題の日常に慣れきっていた各社は、適応と生き残りに苦しんだ。

メリーランド大学教授のデビッド・カーシュは、アメリカのビジネス界に刻まれたこの歴史的な時間を記録・理解したいと考え、「デジタルアーカイブ――ドットコム時代の誕生」というプロジェクトをスタートさせた。このアーカイブには、初期インターネット企業数千社にまつわる無数のメールメッセージ、メモ、プレゼンテーション、写真、データベースなどが収められた。

ドットコムバブルの崩壊により数多の企業が破綻したが、カーシュ教授のデータによると、じつは半分程度は生き残っていた。生き残った会社に共通していたのは、取締役会での議論からカクテルパーティでの雑談まで、あらゆる場所で語られていた「速く大きく」というビジネスモデルを意に介さなかった、ということだった。彼らは最初から、会社を緩やかに成長させた。そうすることで、「もっと資本を、もっとエンジニアを、もっと広告を、もっと顧客を」という欲望を回避した。

とはいえ、現代のように「豊富なリソース＝優れた成果」というメンタリティが続いている時代には、この「ゆっくり着実に」というビジネスアプローチを実行するのは簡単ではない。

ドットコム時代のチェイシングなど遠い昔の話だと思うなら、サウスオブマーケット（SOMA）のオフィスビルを訪ねてみるといい。

かつて倉庫街だったSOMAは、おしゃれなナイトクラブが軒を連ね、サンフランシスコの名高いショッピング街ユニオンスクエアからもほど近い。ドットコムバブルの絶頂期には、この地区のオフィススペース（ペッツ・ドットコムも入っていた）の賃料は一平方メートル六五〇ドルほどだった。その後バブルがはじけ、一時は賃料が約三分の一に下がったが、ソーシャルメディア企業の台頭にともなって、シリコンバレーにチェイシングが復活すると、次世代のスタートアップがSOMAに押し寄せ、賃料はふたたび、ドットコムバブルのピーク時に近い水準に上昇した。

この地区で、商用不動産を探す企業のコンサルタントをしているジェフリー・ムーラーは、ドットコムバブルの生き残りである。広すぎるオフィスを借りる、長すぎるリース契約を結ぶなど、資金力豊富なスタートアップが犯した数々のミスを目の当たりにしてきた。当時は、賃料の上昇に合わせて、各社が競うように社員向けの施設をオフィスに併設した。音楽スタジオやお菓子づくりの教室など、それらはどれも、ふつうでは考えられない種類の新しい特典だった。起業家のジャスティン・カンは言う。「多額の資金を調達すると、お金で問題を解決したくなるものなのです」

　シリコンバレーの既存企業も、無尽蔵のリソースに依存する習慣から抜け出せなかった。マリッサ・メイヤーはグーグルにいたとき、自室の入口に「売上がすべての問題を解決する」と掲示していた。ヤフー幹部のディラン・ケーシーは、このスローガンがヤフーで意味するところを次のように翻訳した。「現金が入ってくる消火ホースがあれば『問題？　かまうもんか』みたいになる」

　新しい特典から魅力的なオフィスまで、互いに一歩でも先んじようとすると、勝者なき競争が展開される。最も有能なエンジニア、最も豪勢なオフィス、最も気前のいい特典をめざして、各社が終わりのない出費合戦を繰り広げるのだ。

　ビビデンス時代の私の上司ビル・デマスは、デジタルプラットフォームのコンサルティング企業、ターン社のCEOを務めた。デマスが言うには、成長、それも早い成長を求める重圧が並大抵ではなかったらしい。市場では顧客数のような成長指標が重んじられる一方、収益性などの伝統的指標は顧みられない。ストックオプションをはじめとする報酬パッケージが四年をベースに設計されている場合、会社がその間に急成長しなければ、社員は次の大きなチャンスを求めて船を乗り移る可能性が高い。

　みんなが「もっと欲しい」と報酬増、顧客増、資金増を重視すれば、新規事業を軌道に乗せる段階で役立っていた「リソースフルネス」のメンタリティが失われる、とデマスは言う。「早く大きくなりたいという気持ちだけだと、規律や創造性がなくなってしまう」

強い成長願望といえば、二〇一〇年にジェイソン・ゴールドバーグが創業したファブ・ドットコムが思い浮かぶ。ゴールドバーグCEOは、自社は「いい線いってる」と自慢げに語り、「すべての投資家とその母親までが」列をなして札束を手渡してくれると言い放った。一一回の資金調達ラウンドで集めた資金は、じつに三億三五〇〇万ドル以上。ゴールドバーグは紛れもないチェイサーだった。集めたお金はさっさと使い、社員を増やし、九〇カ所の販売センターを開設した。ひと月で一四〇〇万ドルを使い果たしたときもあったほどだ。

当時は、ゴールドバーグが投資家から資金をかき集めるたびに、会社の価値は不思議なくらい増大した。お金を使えば使うほど多くの人から見返りが提供され、ファブ・ドットコムの評価額はついに一〇億ドルを突破した。「まずは成長、考えるのはあと」というゴールドバーグのモットーは、リソースが入ってくるかぎりにおいては正しかった。「世界には、企業価値が一〇〇億ドルを超えるEコマース企業が四つあります。五つ目は可能でしょうか」という、単純ながらも魅力的な彼の営業トークを聞いて、投資家たちはわれもわれもと資金を投入しつづけた。

こうして理論上の企業価値が高まるなか、ゴールドバーグはBMWコンバーティブルを運転したり、プライベートヘリに乗ったりする自分の姿をフェイスブックに投稿した。ときには、「ファーストクラスの別の客に一〇〇ドルで席を替わってくれと言ったら断られた」という話を、ソーシャルメディアでぶちまけたりもした。

ジョシュア・ミルバーンと違って、ジェイソン・ゴールドバーグは手遅れになるまでチェイシングをやめなかった。支援者たちが出資をストップすると、彼の会社はまたたく間に傾きだした。最後は二束三文で売りに出され、投資家は多額の損失をこうむった。そして、世界からは一〇〇億ドルのEコマース企業がまたひとつ失われた。

ゴールドバーグが学んだように、リソースは建設的に利用するよりも獲得するほうが簡単ではある。問題は、チェイサーは獲得自体にこだわりすぎ、それが何の役に立つかが見えなくなることだ。つまり、飽くなきチェイシングの第四の要因は「リソースの浪費」ということになる。

この点に関連して、ハーバード・ビジネススクール学長のニティン・ノーリアと同僚のランジェイ・グラティは、日本とヨーロッパをそれぞれ本拠とするふたつの多国籍企業の家電子会社を調査した。彼らは二五六人の部門長にアンケートを送り、まず、業務手順の効率化、製品の強化などの主要領域で事業がどれだけ改善したかを判定してもらい、次に、それぞれの改善による経済的効果（年間の削減コスト、売上増など）を定量化してもらった。そのうえで、本当は必要ないのに各社が保有していた余剰リソースを測定した。

その結果、多少の余剰リソースがあると自由に実験ができ、事業の改善にプラスになることがわかった。この場合、各部門は少々のことでは事業はびくともしないと承知のうえでリスクをとることができる。だが、あるポイントを境に正反対の結果が生じていた。余分なリソースが多すぎる部門は、事業の改善可能性がかえって少なかったのだ。余剰リソースが最大規模の部門にいたっては、余剰リソースがゼロの部門と同程度の結果だった。

ノーリアとグラティによれば、人や資金などのリソースが豊富だと、相応の理由がなくてもそれを使わなければならなくなる。すると、不要な人材を雇い、広大かつ高価なオフィススペースを借りて、むやみやたらにプロジェクトを立ち上げたり、うまくいっていないプロジェクトを続けたりしてしまう。

また、リソースが多すぎると、人は現状に満足して緊迫感が足りなくなる。重要なプロジェクトも見送ってしまう。現金などのリソースが入ってくる消火ホースがあるのだから、心配はいらないというわけだ。

さらに、リソースが浪費される理由には、「すでに投資してしまったから」というものもある。カリフォルニア大学バークレー校のバリー・ストー教授は、これを「エスカレーション・オブ・コミットメント（立場固定）」と呼ぶ。

ある実験でストー教授は、ビジネススクールの学生二四〇人にアダム&スミスという仮想企業の幹部になってもらい、同社の研究開発資金を配分させた。この大手テクノロジー企業は収益性が低下していたが、取締役会は研究開発への投資不足が原因だと推測した。

実験ではまず、被験者を一二〇人ずつのふたつのグループに分けた。最初のグループは、取締役会から提供される一〇〇〇万ドルの資金全額を受け取る部門を、ふたつのうちどちらかに決めるよう言われる。もうひとつのグループは、どちらの部門に資金提供するかは別の人間がすでに選択したと告げられる。第一のグループはどちらの部門にするかを選ぶので、その決定に個人的責任を負う。第二のグループは別の人間がくだした決定を聞かされるだけで、その決定に対する個人的責任を負わない。

実験は早送りされ、五年が経過する（との想定）。被験者はそこで、取締役会が追加で二〇〇〇万ドルを配ると知らされるが、今度は両グループとも好きなようにその資金を配分できる。また、意思決定のサポート情報として、それぞれの部門の過去五年間の業績データが提供された。そのうえで、ふたつの被験者グループ（最初の決定に個人的責任を負う人たちと、個人的責任を負わない人たち）のそれぞれにおいて、ある者は一〇〇〇万ドル全額を受け取った部門のほうが他方より業績がよかったと知らされ、ある者は選ばれなかった部門のほうが業績がよかったと知らされた。

合理的に考えれば、業績が低下したほうは、配分資源も減るはずである。ところが、そうはならなかった。最初の五年間の資金提供に個人的責任を負った被験者は、選んだ部門の業績が振るわなくても、さらにリスクをとろうとした。二〇〇〇万ドルのうち約一三〇〇万ドルを低業績の部門に配分したのである。一方、低業績部門の選択に個人的責任を負わなかった被験者の配分額は、約九五〇万ドルにとどまった。

つまり、プロジェクトに対して高いレベルの個人的責任を負う人は、たとえもっと有望な選択肢を示されても、そのプロジェクトに固執するようになり、さらなる資源を投じてなんとか問題を好転させようとする。言い換えれば、リソースがたくさんあっても、プロジェクトへの肩入れを強め、浪費を重ねる傾向が増す。

十分すぎる余剰があると、悪いアイデアもよく見えてしまうのだ。

本当は、自分の芝生も青い

本章で見てきた個人や組織には、チェイシングの四つの要因――「上方社会的比較」「機能的固着」「無分別な収集」「リソースの浪費」――がよく表れていた。他人の所有物をうらやみ、自分の持つ資産に気づかないのがチェイシングだ。それは際限なきリソースの供給に依存した生き方につながり、すでにある資源を有効活用する可能性を閉ざしてしまう。

短期的には、チェイシングで一定の恩恵にあずかれるかもしれない。だが、長期的には心の充足を失い、成功から遠ざかる。チェイサーは何かに挫折するとリソース不足のせいにし、身近にあるもののストレッチの機会を失する。労力の向かう先は、もっと収集することである。皮肉にも、収集が進むにつれて彼らは浪費癖を悪化させ、見たところ豊富な資産に依存し、パーティは終わらないと独り合点する。

チェイシングを始めると、隣の芝生はつねに青く見える。この傾向について研究した法学・歴史学教授のテッド・スタインバーグは、いみじくも次のように指摘している――隣の芝生を遠くから眺めると、その角度によって青々とした芝生だという錯覚が生まれる。でも本当は、自分の芝生も同じくらい青々としていることが多いのだ。

いったんこれに気づけば、考え方を改め、もっとリソースフルになることができる。それにはまず、チェイシングからストレッチに発想を変えることだ。次章で詳しく見ていこう。

3 万物に美点あり

ストレッチの「四つの要素」と「メリット」

二〇一〇年、私はある会社を調査するためシカゴを訪れた。仮にブティック社としておこう。女性向けの衣類や服飾品を扱うこの小売チェーンは、韓国系アメリカ人の三人きょうだいが一九九九年に興した会社で、起業の理由は家業の製造業で売れない商品が余分に出たからだった。

一号店の宝石やギフト、アクセサリーが並んだディスプレーに、顧客は目を奪われた。ターゲットは、世帯収入七万五〇〇〇ドル以上の一八～三四歳の女性。煌々《こうこう》と輝く照明、香り立つキャンドル、フラワーアレンジメントで飾られた店舗は彼女たちの五感に訴え、かなりの売上をあげた。

その利益を使って、一族はさらに店舗を増やしていった。私が訪れたシカゴ郊外店は、二〇〇八年の大不況のさなかにオープンした店舗のひとつだった。景気の低迷、消費マインドの冷え込みを背景に、主な小売業者が勤務時間の短縮、店舗の閉鎖、あるいは廃業に追い込まれたというのに、ブティック社は商品を満載した大型トラックを送り込んでは毎週のように新店舗を開設した。それぞれの店は商品をカスタマイズし、地元密着型ブティックショップの魅力を維持。そして二〇一五年、ついに二〇〇七年には全米で六五だった店舗数が六〇〇を超えた。

同社の事業拡張の取り組みを肌で感じたい、そう思った私は、開業前からシカゴ郊外店に通いはじめた。

ある早朝に到着したときのこと。なかではすでに近隣店のスタッフ四人がパレット一三台分の商品が詰まったボックスを使って、何もないスペースを見事なブティックに変貌させていた。そして、到着後数分もたたないうちに、リーダー格のスタッフが私に、いっしょに作業してくれないかと言ってきた。女性のファッションには素人だし、ブティックで買い物をした経験もないので不安ではあったが、初めての経験に心が浮き立った。

ふと見ると、あるボックスに、硬いけれど曲げることができる銀色の輪っかがたくさんあった。曲げたり、ひねったり、畳んだりすると、いろいろな形になる。私はこれを「ストレス緩和剤」と名づけて売ったらどうかと思ったが、本当は変幻自在なジュエリーだった。引き延ばしてネックレスにもなれば、手首に巻いてブレスレットにもなる。あるいはヘアバンドにも。最終的に私はそれを、他の変幻自在ジュエリーのディスプレー用スタンドに変身させた（想定された用途ではなかったにせよ）。のちに全米の店舗をめぐったとき、私と同じように手元にあるもの（製品や工程、さらには人材）の新しい用途を開拓している社員を何人も見た。

チェイシングの基本が、できるかぎり多くのリソースを探すことだとすれば、ストレッチの基本は、すでにあるものを重んじることだ。ストレッチのマインドを身につければ、リソースが足りないという不安から解放され、すぐそこにあるもので十二分な結果を出せるようになる。

前章では、チェイサーの四つの要因を見たが、この章では、ストレッチャーの四つの要素を見ていこう。

少ないほうが伸びる理由

シカゴで最も新しい店舗の開業準備を手伝った私は、次に市の中心部にあるブティック社の既存店のひとつを訪れた。都会の店の雰囲気は、それまでに見た郊外の店とはずいぶん違っていた。店内は大勢のお客でにぎわっていたが、販売員はその様子をただのんびりと眺めている（郊外店では販売員が買い物客に試着を勧めたり、得意客に電話をして新しい商品やプロモーションの情報を伝えたりしていた）。

衣装ラック、コスチュームジュエリーが飾られた回転ラック、気の利いたギフトが並ぶテーブル……。それらのあいだを通り抜けると、店の裏手近くに二〇代の店長イーサン・ピーターズがいた。私たちは階上の喧騒から離れ、地下の倉庫へ向かった。

それぞれがスツールに腰かけると、私はイーサンに尋ねた。「あなたは優良店の責任者を何度も務めてきましたね。それはなぜですか？」。すると彼はまず、いまの仕事と、近くのモールで携わっていた前職とを比較した。前の店では、商品ディスプレーの作成から新しいスタッフの研修、客の出迎えまで、何もかも本社スタッフから指示されるので嫌気がさしていたという。「すべてが厳格に管理されていました。こういうふうにやれと決まっていたんです」。だから、かつての同僚からシカゴ地区で事業を拡大しているブティック社について聞いたとき、一も二もなくそのチャンスに飛びついた。自分自身のアイデアをそこで試してみたかったのだという。

ある夏、本社からイーサンの店に、いつもの商品より品質が劣るワンピースが何着も送られてきた。ハンガーにかけてもすぐずり落ちる安っぽい代物で、案の定、お客もほとんど関心を示さなかった。他店も売るのに苦労していた。だが、本社はすでに大量に仕入れてしまっていた。

さて、どうするか？　イーサンの考えによると、ワンピースとしてつくられているからといって、必ずしもワンピースとして着なければならないわけではない。彼はハサミを手にすると、ショルダーストラップを切り取り、リボンをあしらって、これを「ビーチコート」と銘打った。売れないワンピースは新しい魅力的な商品に変身し、水着コーナーの花形になった。

しばらくして、本社の販売責任者から電話がかかってきた。あの厄介な商品をどうやって売りきったのか、そう尋ねられたイーサンは、自分のアイデアを熱心に説明した。商品を意図的に切断したのだから、ほかの会社ならクビになってもおかしくない。でもブティック社は、イーサンのアレンジを他のスタッフにも大いに推奨した。

それにしても、イーサンのような人たちはなぜ、リソースを意外な方法で転用できるのだろう？　調査を進めるうちに、私は焦点をそこに絞るようになった。企業や学校などの組織でも、彼らはなぜ構成員に「ストラップを切り取る」ことを奨励し、隠れた価値を引き出すことができるのだろう？

その答えは、リソースに対する見方をがらりと変える一語のなかにあった。その一語とは「オーナーシップ」である。

時給一〇ドル未満からスタートし、最高でも年収五万ドル弱の店員にとって、オーナーなど縁遠い存在だと思うだろうか。たしかに一般的には、オーナーシップとは所有権という法的権利である。だが、社会学者のアミタイ・エツィオーニは、われわれが見逃しやすいもうひとつのオーナーシップについて述べている。

エッツィオーニにとって、オーナーシップとは「態度」にほかならない。彼の研究をもとに、心理学者たちはこれを「心理的オーナーシップ」と名づけた。言ってみれば、私たちが自我の一部として体験する有形・無形の感覚である。

心理的オーナーシップをそなえた人は、たとえ文字どおりリソースを所有《オウン》していなくても、それが自分のものだという当事者意識を持つことができる。するとイーサンのように、手持ちのリソースを幅広く活用できるようになる。

イーサンの心理的オーナーシップは、会社がスタートして間もない時期に端を発する。幸か不幸か、創業者には各店舗の運営に指示を出す時間も資金も技量もなかった。そのため、イーサンは販売や顧客サービス、スタッフ研修について比較的自由に実験ができた。そして、みずからの考え方を店に反映させるにつれて、自分がオーナーであるという感覚をますます強めていった。

実際はオーナーではなかったけれど、彼は心理学者の言う「自己認識プロセス」を活性化させた。つまり、オーナーのようにふるまった結果、自分がオーナーだと考えるようになったのだ。顧客もそう思ったほどである。「あなたがオーナーなの？　としょっちゅう訊かれます。ええ、しょっちゅうです」と彼は私に語った。

事業が拡大し、リソースが豊富になっても、ブティック社はイーサンたちがオーナーのようにふるまえる文化や条件を維持するよう努めた。中央集権によって心理的オーナーシップを奪い取らないよう心がけた。たとえば「イヤー・オブ・オーナーシップ」というプログラムを立ち上げ、従業員が自身をオーナーと考え、オーナーのように行動することを奨励した。このマインドを身につけるためのヒントを載せた「オーナーズマニュアル」も配った。

さらに、同じような規模のよその店なら当然とされるリソースの提供も見合わせた。同社のCEOによると、リソースを提供するのは簡単だが、そうすると従業員の当事者意識が薄れる。だから「絶対にさせない」。

ここまでしてブティック社が心理的オーナーシップの促進に努めたのには、根拠がある。研究によれば、人は当事者意識があるときのほうが仕事に対する満足度が高い。周囲の環境をコントロールできる、個性を表現できる、一国一城の主になれるという充実感……。会計士からソフトウェアエンジニアまでの幅広い職業を対象にした調査では、心理的オーナーシップは仕事への満足度のうち一六％を占めていた。

また、心理的オーナーシップは会社の業績向上にもつながる。ある小売事業者の三三の店舗に勤める従業員二七五五人を対象に、心理的オーナーシップが店の売上に及ぼす影響を調べた研究がある。研究者はアンケートを送付して、心理的オーナーシップおよび実際のオーナーに特有の行動（収益性について知りたがる、コストを削減しようとするなど）

の度合いを測定した。その後、店の規模、販売計画、販売実績をもとに、各店舗の売上パフォーマンスを調査したところ、心理的オーナーシップやオーナーのような行動のスコアが高い店ほど、業績が大きく改善していた。

制約を逆手にとる

心理的オーナーシップの強いイーサンは、粗悪なワンピース以外にも、スタッフの数が限られ、しかも上司も含めて経験が乏しいという厳しい制約に直面していた。チェイサーなら、すぐにその制約を克服するリソースを入手しようとするところだが、ストレッチャーたちはもっといいやり方を生み出す。

フィル・ハンセンは、アートに夢中な才能ある若者だった。このティーンエイジャーが虜《とりこ》になったのは点描画法、小さな点を使って、遠くから見るとわかる大きな絵を描く技法である。だが、何千、何万という小さな点を描きつづけたせいで、ハイスクール時代に右手の震えが止まらなくなった。描こうとすればするほど描けなくなる。ペンを強く握ろうと力をこめるのだが、かえって悪化するだけだった。いよいよ直線さえも描けなくなり、アーティストになるという夢もあきらめかけた。

ハンセンはある神経科医のもとを訪ねた。ふたたび描けるようになるでしょうか？　そのときくだされた診断は、残酷なことに、治る見込みのない神経障害だった。ただし、この医師は続けて、ハンセンの人生を変えるような処方をした。彼はこう言ったのだ。「震えを受け入れてみてはどうだい？」

このときからハンセンは、できないことを嘆くのではなく、できることをやろうと考えるようになった。点描画法が小さな点を集めて絵をこしらえるのであれば、震える手で描く曲がりくねった線でも同じことができないはずはない。

学校を卒業したハンセンは、プロのアーティストになるという夢につながる仕事に就いた。最初の給料日、彼は前から欲しかった絵筆とバケツを買いに出かけた。間に合わせの道具をもっと洗練されたものに代えれば、作品はずっとよくなると確信していたからだ。ところが、新しい道具を買い込んで何日たっても、独創的なアイデアは浮かんでこなかった。そればかりか、彼のアートを躍動させるはずの新しい道具は、むしろ震える手以上の足手まといになった。

この状況を打開するため、ハンセンはどうしたか？　まず道具へのこだわりを捨てた。そして、自分が本当は何をつくりたいのかをじっくり考えた。「進んで制約を課すことで、もっとクリエイティブになれないだろうか……」

それ以降の彼は、新しい道具に頼らないばかりか、ほとんど道具を使わずに作品をつくりはじめた。キャンバス代わりのスターバックスの紙コップ五〇個と、一ドル相当の画材を使った最初のプロジェクトは、ダウディという少年の肖像画を描いて高い評価を得た。自分の胸をキャンバスに見立てていくつかの絵を描き、それを写真に撮ったりもした。

身体的な制約を克服するための方法も模索しつづけた。二本の足を絵の具に浸して作品を描いたり、絵の具をつけた手で壁に空手チョップをしながらブルース・リーの肖像画を生み出したり（これなら緻密な動きを必要としなかった）……。

ハンセンは制約を積極的に受け入れ、新しいアート技法の習得を自分に課し、作品を向上させていった。制約は彼の芸術を新たなレベルへと引き上げ、ついにはグラミー賞関連の仕事を請け負うまでになった。

震える手、即席の画材といった制約が、リソースを工夫する能力を開花させることをハンセンは知った。彼の言葉を借りれば「制約が創造性を高める」のであり、それに気づくことで、作品に新たな展望が生まれたのだ。

制約のパワーに気づいたアーティストは、フィル・ハンセンが初めてではない。コロンビア大学の心理学教授で元芸術家のパトリシア・ストークスは、クロード・モネが名作を次々に生み出せたのはなぜかを長年研究した。そして、画学生時代からプロ時代まで、モネの作品には一貫した特徴がひとつあると結論づけた。それが「制約」だった。
モネは明暗のコントラストを排除し、具象画とはあえて距離を置いて、印象派の確立を可能にした。後年はまた別の制約を課し、つねに新しい何かを学習・吸収しつづけた。モネは他の多くの画家と違って、上手な絵の描き方を何通りも知っていた。

人の創造性は生まれつきのものだと言われるが、ストークスは考え方や発想によっても創造性は花開くことを発見した。よき芸術家と類まれな芸術家とを分けるのは、制約を受け入れるかどうかにあると彼女は言う。このことは、フランク・ロイド・ライトの建築やクロード・ドビュッシーの音楽にも当てはまる。

ストークスはビジネスの世界でも、ココ・シャネルのファッションデザインや、レオ・バーネットの広告キャンペーン（煙草のマールボロを世界的なブランドにした）に同じ発見をした。創造的な作品とはあまり縁がない私たち一般人でも同じだった。彼女は、小学生から実験用のネズミまで、あらゆる人も動物も、制約があることでリソースをもっと創造的に活用し、パフォーマンスを向上させることができると言う。

ある実験では、ネズミに右足だけでバーを押すよう強制したところ、最終的に、右足だけという制約がないネズミよりたくさんの方法でバーを押す方法を学習した。ここで発揮されたのは、「リソースの新しい用法を通じて現実的な問題を解決する」ことに重きを置いた創造性である。創造性というと名作を生み出す能力か何かのように思いがちだが、こちらの創造性も日常的な仕事をやり遂げるために欠かせない。プログラマーが独自コードの一行目を書く、プロダクトマネジャーが既存製品の新しい市場を見つける、小学校の先生が引き算の楽しい教え方を思いつく。どれも創造性のなせる業である。

じつは、心理学の世界では何十年ものあいだ、制約は創造的なリソース活用の妨げになるという考え方が大勢を占めていた。その主張は、たとえば官僚制の窮屈さを少しでも経験すればわかるという。あるいはマイクロマネジャー（細かいことに口出しするタイプのマネジャー）の下で働いてみるとか、テスト対策ばかりの授業に出るとかでもいい。制約は基本的な心理的ニーズ、とくに「自主性を発揮したい」「仕事をコントロールしたい」というニーズの充足を妨げるため、ブティック社のイーサン・ピーターズらを成功に導いた心理的オーナーシップを損なう可能性がある。さらに、制約（とりわけ資金面の制約）は、「この仕事は優先順位が高くない」という気持ちを引き起こすことがある――こうした考え方は、つぎ込まれたリソースの量に基づいて活動やプロジェクトを評価するというチェイシングに深く根づいている。

しかし、制約は有害だという直感的認識にもかかわらず、最近の研究はこれに疑問を投げかけはじめている。

イリノイ大学のラビ・メータとジョンズ・ホプキンス大学の朱萌《チュ・メン》は、「乏しさ」または「豊かさ」について考えることが、リソースの創造的な利用にどう影響するかを調べた。

彼らは次のように予測していた。乏しさを強調すると、人はフィル・ハンセンやクロード・モネが優れた作品を生み出したのと同じ発想になる。他方、豊かさを強調すると、従来どおりのリソースの使い方が強まる——。

この予測を確認するため、彼らは五つの実験を行なった。ある実験では、まず大学生の被験者六〇人を無作為にふたつのグループに分ける。次に、第一のグループにはリソースが乏しい子ども時代を過ごすことについて作文を書いてもらい、第二のグループにはリソースが豊かな子ども時代を過ごすことについての作文を書いてもらった。

その後、彼らの大学が直面する実際の問題を両グループに提示した。ちょうどコンピュータ室が移転したばかりで、大学には気泡シートが二五〇枚もあったので、それを何かに使えないかという問題が持ち上がっていた。そこで、研究者は実物のサンプルを配って被験者によく見せたうえで、その使い道を考えるよう依頼した。最後に、課題へのアプローチの違いを知るためのアンケートに答えてもらった。

そして後日、研究者は二〇人の審判を雇い、大学生たちが出した気泡シートの利用法を評価してもらった。すると、審判は被験者が「乏しさ」と「豊かさ」のどちらのグループに属するかを知らなかったにもかかわらず、結果として、前者のグループのほうが後者よりもアイデアの創造性が高いと判定した。

なぜ、リソースが少ないほうが創造性が高まるのか？　ラビ・メータと朱萌の説明によれば、人はリソースが豊かだと、それを見たままに受け止め、従来のままのやり方で利用するが、リソースが乏しいときは、従来の方法にとらわれないでもっと自由に発想するようになるからだ。

このように、問題や課題や機会に直面したときには、制約があったほうが既存の資源を最大限活用しやすくなる。逆に、制約がないと、記憶のなかからごく一般的な利用法を取り出しがちになる。椅子は座るものである、というふうに。これは2章で見た機能的固着であり、チェイシングの促進要因だ。要はリソースを見たままにしか捉えられない。本能的に「最も楽な道」を歩み、ありきたりな考え方に頼ることで、精神的エネルギーを節約しようとするのだ。

これに対して、制約がある場合は、まったく違う展開を見せる。いくつもの研究で明らかなように、製品の設計や作成をただ誰かに依頼しても、よいアイデアはなかなか上がってこない。だが、予算枠を決めて依頼すると、創意工夫に精神的エネルギーが注がれ、往々にしてよい結果が生まれる。実際、ある研究グループが新製品の設計、料理、玩具の修理をテーマに実験したところ、予算を設定したほうが創意工夫が発揮され、好結果につながった。

あなたも制約を受け入れれば、現状と折り合いをつけられるばかりか、制約さ丶ま丶さ丶まの成果をあげることができる。まさにフィル・ハンセンがやったように。

だが問題は、リソースがたくさんあるときである。こういうときでもあえてストレッチマインドに到達するには、いったいどうすればよいのだろう？

無駄を排して勝利する

ボブ・キアリンは出張へ行くとき、車で打ち合わせの場所まで行く。泊まるときは町外れの宿に。費用はできるだけ抑える。リッツ・カールトンのような高級ホテルより、レッドルーフインのようなビジネスホテルがお気に入りだ。最高級レストランも避け、マクドナルドのバリューセットを好む。ふだんも、たいてい中古のスーツを着ている。

キアリンの倹約癖は、子どものころに始まった。お金があまりない家庭だったから外食する余裕はなく、休暇は旅行の代わりに近くの公園で過ごした。このつましい子ども時代のおかげで、モノを無駄にしないことの大切さを学んだ。本人いわく、それは「何をするにもついてまわります」。

キアリンは産業用資材メーカー、ファスナルの創業者でかつてのCEOである。インク誌は彼を「アメリカ一安上がりなCEO」と呼んだ。「アメリカ一安上がりな人間」でも通用するかもしれない。いずれにせよ、この国で最大の成功者のひとりであることは間違いない。なにしろ自分が興した会社を売上高数十億ドル規模に急成長させ、なおかつ過去数十年の株価パフォーマンスが、他のどんな企業をも上まわっているのだから。

一九八七年の新規上場から二〇一四年にキアリンが引退するまで、ファスナルは驚くべきリターンをあげた。八万四〇〇〇を超える上場証券のうち、同社のパフォーマンスは第二位。*二〇位のマイクロソフトの三倍以上に値する。この間の複利リターン四万七七八二%という数字は、上場初日に投資した二一〇〇ドルが、キアリンの引退までに一〇〇万ドル以上に増えたことを意味する。

だが、ボブ・キアリンの成功のカギ、そして彼の働き方や生き方は、フォーチュン1000企業のエグゼクティブとは対照的だ。

一九四六年、七歳だったキアリンは、父親が始めたばかりの自動車部品店に入りびたり、床の掃き掃除をして一日五セントもらうようになった。店にいるのは楽しく、一一歳のころにはカウンター係に「昇進」した。お客のために自動車用のナットやボルトを探し、売り、請求書を出すのが仕事だった。

ほどなく、この早熟な少年は、父親の販売する自動車部品の多くが、煙草の箱くらいのパッケージに入っていることに気づく。そして思いつく。部品を自動販売機で売ったらど

*ちなみに第一位はユナイテッドヘルスケア。

うだろう？　人件費が節約できるし、多額の出費をせずに店舗を増やせるじゃないか！

そのアイデアは、ミネソタ大学でエンジニアリングとビジネスの学位を取っても、忘れられなかった。平和部隊やIBMで短期間働いたあと、彼はついに夢を実現することにした。友人四人と三万一〇〇〇ドルを出し合って、どうにか自販機を調達し、煙草の代わりにネジやボルトを入れたのだ。自販機のメンテナンスは必要だとしても、これで日々のオペレーションに正社員を雇わなくてすむはずだった。

だが、残念ながらうまくいかなかった。いくつかの人気商品が自販機に収まらなかったのに加えて、顧客の質問に答えるスタッフも必要だったため、人件費の削減も企画倒れに終わったのだ。最初からやり直しだった。

起業家キアリンは、ナットやボルトを安く顧客の手に届けるというアイデアを、もう一度練り直した。そして一九六七年、今度はミネソタ州ウィノナに直販店を開設する。重用したのは経験豊かな販売員ではなく、仕事を始めたばかりで経験が浅い（したがって人件費も安い）、しかしやる気に満ちたスタッフである。彼は未熟な野心家をスピーディに店長に育て上げ、本社の間接費を最小限に抑えられるよう、製品の選定やマーケティング計画の立案を彼らに任せた。

ところがまた問題が生じた。手頃な原価で仕入れようとして部品を大量一括購入したものの、それを売り切るのに三年もかかってしまい、キャッシュフローの問題が生じたのだ。

さて、このときキアリンはどうしたか？　彼は大手のライバルが見過ごしている市場に目をつけては進出した。追加投資はなし。各店舗には机ひとつ、椅子ひとつ、それに棚しか置かなかった。

今度こそ成功した。一九八七年、ファスナルは七つの州に五〇店舗を展開していた。もはや産業用資材の世界的な販売業者として認知されつつある存在だった。しかし、この年の上場によって資金を得ても、同社は倹約の精神を忘れなかった。

たとえば、車で八時間以内の距離なら、移動には自動車が義務づけられた。キアリン自身、カリフォルニアでＣＦＯと打ち合わせをするのに、本社から往復約八〇〇〇キロを運転したことがある。このとき、ふたりのあいだには、オフィスで手っ取り早く会うだけでは築けない仲間意識が芽生えたという。

二階建てコンクリート造りの地味な本社には、中古の家具・什器が置かれた。この本社でキアリンは、自動販売機の創造的な利用法を実践することにも成功した。飲み物の自販機の売上で、毎年ホリデーパーティを開いたのだ。

こうしたやり方は、各種の手当になじんだ社員にはきついかもしれない。だが、ファスナルはこれで業績を向上させ、利益目標やコスト削減目標の達成にともなって社員の給料も上げた。だから、彼らのパフォーマンスも向上した。

さらに、バランスシートが強固な同社は、需要の増大に合わせて在庫を素早く増やすとともに、社員の研修にも思いきって投資することができた。ファスナル・ビジネススクールは一八の拠点で何千人もの社員に授業を行ない、オンライン講座も幅広く提供した。ボーナスを奮発したこともあって、社員の離職率は七％にとどまった。

キアリン自身は、二〇〇二年にCEOから会長になると、ベテラン社員のウィリアム・オバートンを後継者に指名した。オバートンはキアリンが重んじる質素倹約を体現したことで、平社員からトップの地位に上りつめた人物だ。「私たちが恐れるのは、お金を使うことではありません。ビジネスをよくしないものへの無駄な出費です」

そして最初の自販機の実験から数十年後、ファスナルはついにキアリンの野望を果たした。二〇一一年、同社はスナック菓子の自販機メーカーとタイアップし、既製ソフトウェアを使って、グローブ、安全メガネ、ドリルビットなどの製品を顧客が自分たちの職場で簡単に入手できるデバイスを発明したのだ。

電子カードを通して製品を買うしくみなので、倉庫からよく盗まれていた品物の管理も透明性を増した。たいていの企業は、顧客にどんどん消費してもらうためなら何でもするが、ファスナルの自販機はむしろ購入を抑える効果があった。使用量は三〇％ほど減った。だが、そのぶん顧客のロイヤルティや満足度は高まった。二〇一四年現在、顧客の職場や現場に設置された自販機はおよそ四万七〇〇〇台で、同社の売上の四割近くを占めている。

ボブ・キアリンのようにつましい子ども時代を過ごし、事業を始めるのに限られた資本しかなければ、質素倹約もごくふつうに思われる。しかし彼は、会社が潤い、信じられないほど裕福になってからも、なおいっそう質素倹約に励んだ。恥ずかしながら節約せざるをえないという態度ではなく、誇らしげに喜んで節約に精を出し、その成果を社員や顧客、投資家に還元したのである。

＝

質素な人や質素な組織を好意的に捉える人はほとんどいない。ケチだとか貧しいとか思われるのがふつうである。だが、ボブ・キアリン（とファスナル）はそのどちらでもない。社員から慈善事業まであらゆる方面に対して寛容で、* リソースも過不足がない。これだけの財を成すことができたのは、まさに質素倹約のおかげだった。

でも、ひとつ重要な疑問が浮上する。すなわち「ストレッチのためにはボブ・キアリンと同じくらい質素になるべきなのか？」。答えはノーだ。必要なのは、考え方を変えるこ

＊キアリンは質素倹約を旨としながらも他者には寛容で、いくつかの慈善事業を支援している（多くは匿名で）。二〇〇一年には社員にストックオプションを提供。既存株主の持分を希薄化するという常道には抵抗を感じ、自身が保有する七八〇万株の三分の二を放出した。

とである。

ここに、ジョン・ラストビカをリーダーとするマーケティング担当教授のチームが行なった調査がある。彼らは、質素な消費者とのインタビュー、つましい大学生に対する作文課題、オプラ・ウィンフリーやモンテル・ウィリアムズのトーク番組での質素な配偶者に関するエピソードなどをもとに、彼らの考え方を探っていった。すると、質素な人には三つの共通するパターンがあることがわかった。

第一に、質素な人は目先の楽しみよりも長期的な目標を重視し、キアリンが事業を伸ばすために発揮したような我慢強さをそなえていた。キアリンは長いゲームを想定した。短期的な特典は回避し、そのうえで長期的な（しかもやりがいがある）キャリアを社員に提示し、顧客との生涯続く関係を構築し、持続可能なビジネスを追求した。

第二に、質素な人は次々とモノを買う代わりに、手持ちのリソースを再利用していた。残念ながら、社会のじつに多くの分野で、無駄づかいがステータスのシンボルになっている（なかでも顕著なのは企業の重役室）。この考え方に即すなら、無駄遣いが多ければ多いほど、その人は成功していることになる。裕福な人しか無駄ができないからだ。

ライス大学の私の研究室の近くに、スタンフォード・ファイナンシャル・グループの旧本社がある。グリーンの大理石のフロア、ダークウッドの家具、高級なペルシャ絨毯をそなえたオフィスは、「これだけ贅沢に浪費できるほどお金があります」というメッセージを顧客に送っていた。だが、そのあげく、同社は投資家から八〇億ドルをだまし取った。一方、中古家具が置かれたボブ・キアリンのオフィスは、スタンフォード・ファイナンシャル・グループの豪華さとは無縁だった。彼にはそれ以外にやりようがなかった。そして、大成功した。

第三に、質素な人は慣習にとらわれず、チェイシングにつながる社会的比較の影響を受けにくい傾向があった。彼らは「〇〇がない」とくよくよするのを避け、手元にあるもので道を切り開く。キアリンの質素倹約は、伝統的な企業経営論者を苛立たせたかもしれないが、ストレッチの文化を築く効果はあった。社員たちは手元のリソースにもっと可能性があることを知り、自分たちの成果に誇りを持てた（もちろん裕福にもなった）。

ごみを宝に変えた人

ここまで、心理的オーナーシップ、制約の受け入れ、質素倹約によって、私たちがストレッチャーになれることを見てきた。だが、ストレッチマインドにはもうひとつ重要な側面がある。

ニュー・コベント・ガーデン・マーケットは、英国最大の果物・野菜・花卉《かき》卸売市場である。広大な敷地に何百もの業者が陣取り、ロンドン市民の胃袋を満たす野菜類を供給する。訪れる客は人混みをかき分け、世界中から届く食べ物や花を積んで移動するフォークリフトをよけながら通路を歩かねばならない。

凍てつくように寒い二〇一〇年のある日、ジェニー・ドーソンはパジャマの上に服を着込み、午前四時にそこへ向かった。彼女は、エジンバラ大学で数学と経済学を専攻した元ファッションモデルだ。ロンドンを拠点とする有名ヘッジファンドに勤務し、莫大なサラリーを稼いだおかげで、まだ二〇代の若さで高級住宅地のノッティングヒルに住み、毎年スキー旅行に出かけ、飛行機で各地を飛びまわっている。

少し前、ドーソンは地元の新聞で、「スーパーマーケットのごみ箱をあさって食べ物を探していた人たちが、当局に逮捕された」という記事を読んだ。それって犯罪なの？　疑問を感じた彼女は、この不幸な皮肉について詳しく調べはじめた。地球上には、健康な生活をおくれるだけの食べ物を十分にとれない人が八億人近くもいる一方、毎日何トンもの食品が廃棄されている。英国だけでも廃棄量は毎年七二〇万トン。生ごみの処理には数十億ドル規模の費用がかかるうえ、温室効果ガス排出量のおよそ一〇%を占めていた。

その朝、ドーソンが自転車に飛び乗ってニュー・コベント・ガーデン・マーケットをめざしたのは、気になって仕方がないこの問題を確かめるためである。到着するなり、にぎやかな市場に足を踏み入れた。世界の食糧危機など微塵も感じさせない活況ぶりだ。

だが、売買エリアから少し離れた場所で、偶然にも世界的問題の痕跡を発見した。箱を開けると、プラスチック包装容器に入ったケニア産のエンドウ豆、フィリピン産のマンゴー、トルコ産のトマトがあった。世界各国から届いたこれらの商品は、まだ十分食べられるのに、もうすぐごみ箱行きとなる。これらの原産国では何百万という人々が飢えに苦しんでいるというのに……。彼女は言う。「どうしてこんな無駄ができるの？　という思いでした」

　スコットランドの農場で育ったドーソンは、食糧の需給バランスという問題に早くから接していた。農民は販売する産品がなくなると困るので、どうしても過剰に生産する。消費者は消費者で、見てくれを重視し、おいしくて栄養があっても、見た目に少しでも欠陥があれば拒絶する。米国では全作物の四分の一以上が、見た目のせいで廃棄されているという。

　こうした状況にあって、ドーソンの母親は、ひとつの解決策を見いだした。自分たち一家がつくりすぎて無駄になりそうな果物を、ジャムやチャツネにしたのだ。これでごみ箱行きを回避し、賞味期限も延ばせる。

　母親のこのやり方をもっと大規模に試してみたい、そう考えたドーソンは、ついにヘッジファンドでの華々しいキャリアを捨てて、ルビーズ・イン・ザ・ラブルという会社を立ち上げた。「ダイヤモンドの原石《ダイヤモンド・イン・ザ・ラフ》」をもじった社名は、「この社会で理由もなく捨てられるものを有効に使う……どんなものにも、どんな人にもかけがえのない価値がある」という会社のスローガンにぴったりだった。以後、多くの農家が、見た目が悪くて出荷できない作物をルビーズ・イン・ザ・ラブルに安く売り払い、その果物や野菜が高級ジャムの素材として利用されるようになった。

廃棄されるはずのものを再生させるという手法は、食べ物に限った話ではない。ドーソンは会社を立ち上げたとき、仕事がなかなか見つからないホームレスや薬物依存症の女性に目を向け、彼女たちを勤勉でまじめな社員に変身させた。また、脳に損傷を負った男性を雇って、ジャムの瓶のラベル貼りを依頼した。彼女は言う。「曲がったニンジンをいやがるのと同じように、人を見た目で判断するのは悲しいことです」

ドーソンの会社は、いまでは英国で一五〇以上の販売拠点を持つほどに成長した。そのバリューステートメントの出だしは、まるでストレッチを目標とするマニフェストのようだ。「そこにあるものを無駄にしない。手持ちのリソースを大切にする」

ニュー・コベント・ガーデン・マーケットから北東方向にある、ロンドン・スクール・オブ・エコノミクス。ここには、世界で最も偉大な研究者のひとり、アンソニー・ギデンズがいる。

彼は、「小さな行動と大きな構造は互いに連携している」と推論した。つまり、個々人の小さな行動が規範や伝統や規制といった大きな構造を生み、それがさらに人々の小さな行動を形づくるというのだ。この考え方によれば、私たちは大きな構造に一〇〇%制約を受けることはない。なぜなら、部分的には個人の行動がこうした構造を創造しているからだ。同時に、私たちは大きな構造から完全に自由でもいられない。わずかとはいえ、それらが個人の行動をつねに形成しているからだ。

ごく簡単に言うと、「個人の小さな行動を拡大・検証するだけでも、企業や社会などの共同体の活動全体を縮小・適用するだけでも、社会的行為を理解することはできない」。そしてこれが、現代社会学に大きな影響を与えた彼の構造化理論の要諦である。

私がミシガン大学の博士課程で学んでいたころ、組織理論研究者のマーサ・フェルドマンが、ギデンズの考えをリソース研究に適用しようとしていた。従来、リソースは「固定物」として扱われてきた。リソースには、規範や伝統、規制といった大きな構造によって規定される固有の価値がある、と。だから、たとえば新入社員、一〇代の若者、あるいは企業の将来の成功見通しを知りたければ、リソースのストックがどれだけあるかを調べればいい。この考え方に基づけば、ごみはいつまでたってもごみのままである。

だが、フェルドマン教授はリソースをまったく違う方法で概念化した。固有の価値に注目するのではなく、それが「どう利用されるか」に重点を置いたのだ。たしかに、モノには本来的な性質がある。たとえば岩は小石より重い。でも、岩の使い方は必ずしもひとつではない。投げれば武器になるし、場合によっては重しにもなる。

「有形か無形かを問わず、どんなものにもたいていリソースとしての可能性があるが、それが一定の価値を生むにはアクションが必要になる」とフェルドマンは述べた。だとすれば、リソースはわれわれの外側からやってくるのではない。私たち自身が創造し、形づくるのである。

ドーソンがいい例だ。彼女は不要な農産物を調達、調理、貯蔵するというアクションを通じて、価値の高いリソースを創造し、それを高級ジャムとして販売している。また、こうしたアクションを起こすことで、もっと大きな構造を形づくっている。たとえば、不要な作物をどうするかという規範、食品廃棄物に対する姿勢などである。その結果、彼女は会社を成長させ、社員の有意義なキャリア形成をサポートし、重要な社会問題の解決に貢献している。

アクションを通じてリソースに価値を付加できるのは、個人だけではない。フェルドマン教授らの研究によって、組織、学校、家庭などの社会システムもまた、価値あるリソースを創造できることがわかっている。

そこで私は、同僚のウツパル・ドラキアとともに、実際にこの考え方を検証してみることにした。調査対象は、モール部門と大型小売店部門を統合しようとしているある小売企業（仮に「エンターテイン社」としよう）だ。

一九九〇年代初め、同社はモール内の小型店であげた堅調な利益を使って大型店の拡大をはかった。長いあいだ、両部門はそれぞれ別のブランド、別の経営陣の下、半ば独立して事業を運営していた。だが、二〇世紀も終わりに近づき、競争の激化などが原因で、モール部門の業績が低迷を続けるようになると、事情が変わった。経営トップはモール店のブランドやビジネスモデルを大型店に合わせることを決めた。

モール店のベテラン社員レベッカ・ロジャースにとって、それは最悪の方針転換だった。モール店の名前を変えれば顧客が混乱する。モール部門の長い歴史も損なわれてしまう。「いったい何の役に立つの？　そんなの、時間とお金の無駄でしかない」と彼女は考えた。「抵抗勢力」と化したレベッカは、会社の計画は貴重なリソースを壊し、最小限のリターンしか生まない悪策だと解釈した。

一方、レベッカと同じペンシルベニア州ピッツバーグの郊外店に勤務し、彼女と同じような経歴を持っていたブリアナ・ボールドウィンは、その方針転換について別の評価をした。今回の変更で自分の仕事は若干増えるだろうが、これによって「顧客の認識」が高まり、「マーケティングやプロモーションの増加によるメリット」が生まれ、結果として会社は既存のリソース（広告やブランド）からより多くの成果を得られるだろう、と考えたのだ。

同じ会社、同じ店で働く似たような女性ふたりが、同じ方針に対してこうも違う評価をくだすのはなぜなのか？　また、異なる評価は会社の今後にどう影響するのだろうか？

それを知るために、ドラキアと私は、四五店舗に勤めるスタッフ一五九人に対して、今回の計画についてどう思うかというアンケートを実施した。そして、改革を成功させるのに不可欠とされる三つの心理的リソース――改革へのコミットメント、自己効力感（改革の実行に必要なものを持っているという感覚）、自分の店に対する心理的オーナーシップ*――について測定した。さらに、指示を守る、計画を高く評価するなど、会社の方針を支持する行動も測定した。

回答を見ると、会社の取り組みに対する社員の解釈はさまざまで、レベッカのように、今回の転換は成功に不可欠なリソースが十分ではない（「会社はマーケティングにもっと投資すべきである」「方針転換によって会社のブランドに傷がつく」など）と考える者もいれば、ブリアナのように、転換で既存のリソースがさらに強化される（「顧客の満足度が高まる」「社員の雇用が確保され、就業機会が増える」など）と考える者もいた。

結論的にはどちらも正しいのだが、社員および会社に対する影響には違いがあった。レベッカのように方針転換が会社のリソースを損なうと考えた社員は、自己効力感、コミットメント、自分の店に対する心理的オーナーシップなど、自身の心理的リソースを損なう結果になったが、ブリアナのように転換で会社のリソースが強化されると考えた社員は、自身の心理的リソースを強化する結果になったのだ。

また、後者の社員は、この変更を成功させるためにきわめて多くのアクションを起こした。つまり一部の社員にとっては、大きな変化という困難な経験が、自身の心理的リソースを高めるだけでなく、組織の成功にも寄与する機会になったのである。

ストレッチマインドとは?

イーサン・ピーターズは、心理的オーナーシップによって粗悪な商品をベストセラー商品に変身させ、フィル・ハンセンは肉体的・物質的な制約を受け入れ、体や独自の道具を使って創造的な作品を生み出した。ボブ・キアリンは、両親から受け継いだ倹約の精神を大々的に実践し、優良企業を築き上げた。ジェニー・ドーソンは、どんなに価値が低そうなものにもそれなりの可能性が潜んでいることを明らかにした。彼らがストレッチにいた

*具体的には、ある種の「ユニットアイデンティティ」(社員が自分の店にどのくらい親近感を持っているか)を測定した。研究によれば、ユニットアイデンティティは強い帰属意識を表し、概念として心理的オーナーシップに近い。たとえば、社員に対して次のような項目を設けた。「店について話すとき、they(彼ら)ではなくwe(私たち)と言うことが多いか?」

った経緯はさまざまだが、いずれも「手持ちのリソースを有効活用する」という考え方を打ち出し、広める役割を果たした。

彼らのように、ストレッチャーは他人が価値を見いだせない場所に利点や美点を見つけ出す。人はつい額面だけでものごとを捉え、因習にとらわれて可能性を狭めてしまいがちだ。しかし、もしストレッチマインドを採り入れられれば、すでにあるものの可能性を最大限に引き出せる。ストレッチマインドとは、手元のリソースの潜在的価値を知り、その育成・開発に労力を注ぐことにほかならない。このマインドシフトができれば、ストレッチの具体的スキルも身につけられるようになる。

いよいよ準備は整った。

4 いつでも「部外者の視点」を

見方を変えて秀でる方法

ジョン・ヘダーが生徒会長選挙に立候補した友人を応援する、おたくっぽい高校生を演じた二〇〇四年の映画『ナポレオン・ダイナマイト』をご存じだろうか。これは、ネットフリックスで最も視聴数が多い、しかし評価が分かれた映画だ。熱狂的なファンがいる一方、批評家に酷評される皮肉なユーモアがたくさん詰まっていたからだ。

ネットフリックスでは、ユーザーに関するデータを山のように収集して、おすすめ映画の情報を提供しているが、ほかの映画でも評価が二分することがちょくちょくあった。『ナポレオン・ダイナマイト』も二〇〇万以上の評価を集め、レコメンド（おすすめ）機能の複雑なアルゴリズムに大量のデータを供給したが、五段階評価の最低（1）と最高（5）に評価が分かれた。この映画では、好みが似ている親友同士でさえ、好き・嫌いがはっきり分かれがちだった。

ネットフリックスの社内ソフトウェア「シネマッチ」の改良に責任を負っていたのは、レコメンデーションシステム担当ディレクター、ジョン・サンダースだ。顧客の好みをもとにおすすめタイトルを選定するこの自社開発ソフトは、二〇〇六年にはネットフリックスの映画レンタルの六割に影響を与えていた。だから、レコメンデーションエンジンを改良すれば顧客満足度がさらに高まり、顧客継続率も上昇するはずだった。

だが、最善を尽くしたにもかかわらず、サンダース配下の数学・コンピュータの専門家は、シネマッチを改良することができなかった。さて、どうするか？　このとき彼は、エンジニアの採用数を増やしたり、この分野の専門業者に依頼したりはしなかった。代わりに、ナポレオン三世からヒントを得た方法をとった。

一八六九年、フランスでは工業化によって農村部から都市部への大規模な移住が起こり、そのせいで食品コストの急増を招いていた。フランス料理で最も重要な食材のひとつ、バターも例外ではなかった。国民がインフレにうんざりするなか、ついに皇帝ルイ・ナポレオン三世はこう宣言した。バターと同じような栄養価、味、口当たりの安価な代用品を思いついた者に賞金を出す。その「イノベーションコンテスト」がきっかけで発明されたのが、マーガリンだった。皇帝はこのとき、「難しい課題を解決するには部外者《アウトサイダー》に頼め」という教訓を得た。

サンダースは、この先例に倣い、「ネットフリックス賞」という名のイノベーションコンテストを開催した。そして「シネマッチのレコメンデーション精度を最初に一〇％改善したチームに、一〇〇万ドルの賞金を授与する」と発表した。参加者にはおよそ七年分のデータと、一五〇万件のレーティング情報が提供された。世界を代表する企業や大学の優秀な頭脳の持ち主が、この知的課題に（そして言うまでもなく多額の賞金に）惹きつけられた。

そのなかに、ギャビン・ポッターという名の男がいた。ポッターは以前、プライスウォーターハウスクーパースで、オペレーションズリサーチやパフォーマンス改善に携わっていたが、ＩＢＭがそのプロジェクトを買収したあとに辞めていた。彼は、あまり読み手のいないブログでこう宣言した。「ネットフリックス賞を真剣に検討しようと思う。なかなかおもしろそうだ。研究者でも数学者でもないので、どうなるかはわからないけれど」

自身のチームは「ジャスト・ア・ガイ・イン・ア・ガレージ（ガレージの一匹狼）」と名づけた。研究室はロンドンの自宅のベッドルーム、数学のコンサルタントは一〇代の娘エミリー、使用コンピュータは年代物のデルのデスクトップ（冷却ファンがうるさいので、家族の安眠を妨害しないよう夜中には使わない）という研究環境にぴったりのネーミングだった。

コンテストには、五〇〇〇を超すチームから応募があった。その多くと比較して、「ジャスト・ア・ガイ・イン・ア・ガレージ」はコンピュータの処理能力でも、トレーニング、スタッフ、企業からのサポート、人脈という点でも見劣りした。おまけにポッターは、リソースをはるかに多く保有する専門家たちが賞金獲得のために使う複雑なモデルの構築方法も知らなかった。だが代わりに「数学的知識がなくても問題を解決するにはどうすればよいだろう？」と考えた。方法はいろいろあった。

じつは彼は、オックスフォード大学時代に、認知心理学者エイモス・トベルスキーとノーベル賞を受賞した心理学者ダニエル・カーネマンの先駆的研究について学んでいた。ふたりは行動経済学の嚆矢《こうし》となり、人間の行動の非合理性を示す研究を考案した人物だ。

彼らが行なった有名な実験がある。まず、被験者に0から100までの数字が書かれたルーレットをまわさせ、そのあと何らかの予想を立ててもらう（たとえば、国連に加盟するアフリカの国の数）。すると、ルーレットが止まったところの数字が、被験者の予測に影響を与えていることがわかった。たとえば、国連加盟国のなかでアフリカの国が占める割合を尋ねたところ、ルーレットが10で止まったときは予測の平均値が二五％だったのに対し、ルーレットが65で止まったときはそれが四五％に増えた。お金を払っても、予測の精度はよくならなかった。無関係なデータ（この実験ではルーレットが示す数字）に基づいて予測をすることから、カーネマンらはこれを「アンカリング効果」と呼んだ。

ギャビン・ポッターにとってネットフリックス賞は、数学の能力やコンピュータの処理能力を誇示する場であると同時に、こうした人間の非合理性を理解する場でもあった。アフリカの国連加盟国数を予想したときと同じアンカリング効果が、映画の評価《レーティング》にも影響するはずだ、と彼は考えた。つまり、ネットフリックスの顧客がある映画を見て大いに楽しんだあと、大嫌いな映画を見たら、好きな映画が次の映画の評価を人為的に押し上げる効果があるのではないか。同様に、耐えられないほどいやな映画を見たら、次の映画の評価も（実際の中身に関係なく）下がるのではないか。

こうして、人間の心理が映画の評価にどう影響するかを説明することで、ギャビン・ポッターはネットフリックスの専門家よりも九・〇六％シネマッチを改良できた。そして、この成果によって彼は賞金争いに加わり（最終的には二万以上の登録チームのうち一七位）、その独自の視点が、他チームが一〇％を超えるのを助けた。

コンテスト開催中に出席したあるカンファレンスで、ポッターは自分の部外者《アウトサイダー》的なアプローチを、数学やコンピュータの視点にこだわる他の参加者に話して聞かせた。結局、ポッターの研究を採り入れたチームが最終選考に残り、一位のチームが二位のチームのわずか二〇分前に一〇％を突破して、三年に及ぶレースは幕を閉じた。

このように、ギャビン・ポッターの異色の経歴は、自身が目覚ましい成果をあげるのに役立ったばかりか、コンテストの上位入賞者の成績を押し上げる効果も果たした。私に語ってくれた唯一の後悔は、「数学を得意とするチームのどこかとタッグを組めばよかった。

多様性が重要ですからね」だった。

本章では、経験をもとに成功に近づく方法をふたつ紹介する。ひとつ目は一般常識や社会通念に従ったものだ。大学での専攻の選択から直線的なキャリアパスの設定まで、専門知識を身につけることにはもちろん意義がある。だが、そのように深くて狭い道を進むと何かが犠牲になる。そこで専門性の大きな盲点を示す研究を紹介し、その後、成功への第二の道に話を進める。第二の道、それは違う経験、知識、資源を持つアウトサイダーになることである。

信じ難いかもしれないが、アウトサイダーは、いわゆるその道の専門家より問題解決に秀でている。問題が複雑な場合はとくにそうだ。

アウトサイダーの成果のカギを握るのは、経験の多様性である。彼らは、私が言うところの「マルチコンテキストなルール」（マルチCルール）に従っている。簡単に言うと、彼らは経験の幅がストレッチの支えになっている。とはいえ、専門性を身につけるのはけっして悪いことではないから、本章の最後に、専門家がアウトサイダー的なアプローチでストレッチを実践するにはどうすればよいかも説明しよう。

専門家の意外な弱点

マルコム・グラッドウェルの著書『天才！　成功する人々の法則』（講談社）で有名になった心理学研究によると、専門知識の獲得に必要なのは生まれつきの才能ではなく、徹底した練習（ざっと一万時間）だという。なるほど説得力はあるが、本当に、一万時間がつねに成功のカギなのだろうか？

詳しく見ると、グラッドウェルが一万時間ルールにからめて挙げた事例は、ホッケーやチェスのように、どれも厳格でほぼ不変のルールに基づいてゲームが行なわれている。だから、練習をたくさんすれば、ゲームのノウハウを知るのが上手になる。しかし、安定したルールがない分野ではルールがころころ変わる。そんな状況で何千時間も練習したところで、あまり意味がない。変化が絶えない分野で専門家になるのは難しい。

このことは、別の研究によって明らかになっている。プリンストン大学のブルック・マクナマラと、ミシガン州立大学のデビッド・ハンブリック、ライス大学のフレッド・オズワルドの三人は、練習時間とパフォーマンスの関係を評価した実証研究をことごとくチェックした。そしてそこから、一万一一三五人の被験者が関わる八八の研究を特定した。

その結果、チェスやスクラブルなど、ルールがめったに変わらないゲームの場合は、たしかに練習によってパフォーマンスが上がるが、その重要性は思ったほどではないことを発見した。練習がパフォーマンスに占める割合は二六％で、音楽とスポーツの場合はその割合がさらに減り、それぞれ二一％、一八％だったのだ。

ルールにあまり縛られず変化が激しい分野では、もっと驚くべき結果が出た。教育の場合（成績を上げようと努力する大学生をイメージしてほしい）、練習がパフォーマンスに占める割合はわずか四％だった。保険販売員、コンピュータプログラマー、パイロットなどの職業では（スポーツや音楽は含まない）、なんと一％に満たなかった。

なぜ、一部の分野では練習を徹底してもパフォーマンスが上がらないのか？

それを知るため、マクナマラらは八八の研究を「予測可能性」に基づいて、次のようにグルーピングし直した。ランニングなど予測可能性が高い（練習によってパフォーマンスが上がると予測しやすい）分野、フェンシングなど予測可能性が中程度の分野、そして航空機の緊急事態など予測可能性が低い分野である。すると、予測可能性が高い場合はパフォーマンスの二四％を練習で予測できるが、中程度の場合は一二％、予測可能性が低い場合は四％にしかならないということが判明した。

＝

ふだん私たちは、専門家に多大な信頼を寄せ（それはたいがい正しい選択であるが）、仕事、健康、お金、子どもの教育など、重要な決定をするうえで彼らの判断を仰ぐ。専門家はたしかに役立つ助言ができる。しかし、彼らがつねにベストな解答を与えてくれるとはかぎらない。

われわれは子どものころから専門家を偶像化する。私の娘たちも、先生は何でも知っていると信じている。長じると、仕事の世界の専門家を崇拝する。ＩＴのエキスパート、データで武装した金融アナリスト、経験豊かで専門性も高い（はずの）上司……。

専門家は、知識だけでなく、シンボルにも頼って自分を偉く見せる。医者は白衣を着用し、その道のプロは学位証書を壁に飾り、大学教授はオフィスに膨大な数の本をそろえる。そうすることで「私は物知りだ」というシグナルを送っている。だが、それは必ずしも事実ではない。

社会心理学者のロバート・チャルディーニは、「影響力」の研究に何十年も費やすなかで、専門知識がときに過大な影響を与えることを知った。彼はあるエピソードを語っている。右耳に痛みのある患者が医者にかかっていた。医者が乱暴な字で書いた指示に「患者の右耳（R ear）に点耳薬を入れること」とあったので、看護師は患者の尻（rear）に点耳薬をただちに入れた。患者は耳の痛みなのにおかしいなとは思ったが、専門家にかぎって間違いはないと思い直し、おとなしくしていた。

これはずさんなミスのひとつにすぎないかもしれないが、専門家が最良の答えを提供しないというのは日常的に起こりうることだ。

心理学者のフィル・テトロックは、二〇年かけて現代の重要な政治的課題――民主主義や資本主義への移行、経済成長、国家間の武力行使、核拡散――をめぐる予測について調査した。そのために、テレビや新聞によく登場する専門家や、これらの問題について政府や企業に助言する専門家の予測を追跡したところ、衝撃的な事実が判明した。

なんと、専門家の的中確率は一般人と同レベルだったのである。つまり、専門家としての職歴や地位はほとんど意味をなしていなかった。リベラルか保守かも無関係だった。楽観主義者も悲観主義者も、予測の精度に違いはなかった。

ただし、予測精度の高い人に特徴的な違いがひとつだけあった。小さなことがらをたくさん知っていて、複眼的に結論を導く人のほうが、大きなことをひとつ知っている人よりも正しい予測をしたのだ。優れたパフォーマンスを発揮したのは、博識の人間だった。

門外漢にこそチャンスあり

複雑な課題に向き合うときは、ひとつのことを掘り下げる専門家より、幅広い知識を持っているほうが有利である。このことを理解するため、世間で一目置かれる専門家である「科学者」を見てみよう。彼らは複雑な問題を解決するのが非常に得意である。ただし、それはあなたが想像しているような問題ではない。

コペンハーゲン・ビジネススクールのラース・ボー・イェッペセンと、ハーバード・ビジネススクールのカリム・ラクハニは、イノセンティブという会社を調査した。大手製薬会社イーライリリーのバックアップを受けて二〇〇一年に設立された同社には、さまざまな経歴の持ち主で構成された解決者《ソルバー》が三五万人ほど登録されている。そして彼らが、病気の撲滅、アフリカの貧しい村への給電など、世界の厄介な問題の解決に力を貸す。一方、依頼主は問題の中身、希望スケジュール、最適な解決法に対する報奨金などをオープンにする。

あるとき、イェッペセンとラクハニは、イノセンティブ社のプラットフォームに投稿された一六六の問題データ（依頼元は一〇カ国、二六の企業の研究所）をもとに、それぞれの問題についてどんな人がソルバーのトップに選ばれるのかどうかを調べた。答えは明らかなはずだった。化学の問題を解決するなら、化学の知識が豊富な科学者が当然有利だろう。

ところが驚いたことに、結果はその逆だった。当人の専門分野から遠い問題のほうが、解決の可能性が高かったのだ。たとえば、生物学者は化学の問題を化学者よりもたくさん解決した。ギャビン・ポッターのように、その分野の外側にいる科学者のほうが、専門家とは違う（そして結果的に専門家よりも優れた）方法で問題にアプローチしていたのである。

意外な結果の理由はこうだ。専門家には大きな責任がついてまわる。それゆえライス大学のエリック・デインが言うところの「認知的に凝り固まった」状態になり、慣例から離れた方法でリソースを活用できない。また、専門知識が増えるほど、すでに身につけたやり方に頼るようになる。それは、新しい情報や環境の変化に直面しても変わらない。じつはこのことは、一〇〇年以上前に発見された事実なのだが、それが持つ意味は長らく忘れられている。

一九〇〇年代初め、心理学者のチブス・パーキーは、心象イメージが実物の認識にどう影響するかを知るため、一連の実験を行なった。まず、被験者に何かモノを思い浮かべてもらい（たとえばバナナ）、その映像が白い壁の上に浮かんでいる様子を想像してもらう。次に、彼らには知らせることなく、思い描いてもらったのと同じモノのぼんやりした写真をそこに投影する。すると、被験者でない人は部屋に入るとすぐにその映像を認識したが、実験の被験者は投影された像が見えないと言った。

なぜか？　彼らは投影された写真を心象イメージのなかに取り込んでしまい、実際に見ているものと想像しているものの区別がつかなくなったのだ。事前に頭のなかで描いたイメージによって、新しい情報の認識や吸収のしかたが変わってくる——これは「パーキー効果」として知られるようになった。

パーキーの実験の被験者は、最初にバナナを思い描くよう言われたため、実際のバナナの映像に気づかなかった。同じように専門家も、リソースの使い方を心のなかですでに思い描いているため、新たなソリューションを見つけるのが難しくなる。たとえば大工は金槌を、釘を壁に打ちつけるための道具として捉えている。何千時間もの練習を通じて染みついた考え方なので、それを捨て去ることはなかなかできない。だが、幼稚園に通う私の娘は金槌を手にしたことがないから、孫の手か打楽器くらいに思うのではないか。

アウトサイダーはあらゆる場所に存在する。組織に入ってくる新人、他分野のプロフェッショナル、心理学クラスの英語専攻学生……。専門家にとって当然のリソースを持っていない人はみな、アウトサイダーだ。

科学の世界では（同じことが多くの職業や経営陣にも当てはまるのだが）、不幸にもアウトサイダーにさせられてしまう人たちがいる。女性である。男性がふつうに手に入れる重要な社会的資源から、女性は締め出されることが多い。理不尽のひとことである。

二〇一五年、英国の生化学者でノーベル賞受賞者であるティム・ハントは、女性をめぐる発言で同僚たちにショックを与えた。韓国で開催された科学ジャーナリストの会議で、研究室に女性がいると三つの問題が生じると語ったのだ。いわく「男性が恋に落ちる。女性も恋に落ちる。批判すると女性は泣く」。この発言は、科学界をはじめとする各界で問題視され、ハントは大学のポストを追われる羽目になった。

だが、それで科学に携わる女性の不当な境遇が改善されたわけではない。彼女たちはアウトサイダーである。男性が当たり前のように利用できる人脈、受けられる助言や訓練から、たいていシャットアウトされている。

イエッペセンとラクハニは、ふたたびイノセンティブのデータをもとに、このふたつ目のタイプのアウトサイダー、すなわち男性が持つ社会的資源を利用できない女性科学者について調べた。さて、彼女たちはリソースに恵まれた男性よりも、ソルバーとしての成績がよかったのか？

答えは「イエス」だ。彼女たちの成績はすこぶるよく、問題解決の確率は男性を二三・四％も上まわっていた。理由は、非専門家が専門家に勝るのと同じである。女性たちは先入観を持たず、人手を借りずに問題にアプローチした。仲間内の伝統とも無縁だった。さまざまな経験をベースに問題を眺めることで、よりよい解決法を導き出した。

では、それほど貢献するアウトサイダーを、なぜもっと関与させないのか？　皮肉にも、われわれがアウトサイダーをチームに迎えようとしない理由は、「彼らがアウトサイダーだから」ということに尽きる。人は自分に近い人（つまりはインサイダー）に惹かれがちだ。前述した「専門性バイアス」もある。専門家が多ければ多いほど、パフォーマンスも高まるという思い込みだ。

実際、問題解決のためのグループをつくれと言われたとき、専門家のグループと無作為に人を集めたグループのどちらを選ぶかと問われれば、たいていの人はドリームチームを選ぶだろう。でも多くの場合、それは間違いなのだ。

専門家は基本知識にだぶる部分が多く、偏狭になりやすい。だからせっかくのリソースも互いに重複し、それぞれの貢献度が下がってしまう。政治学者で複雑系の研究者でもあるスコット・ペイジは、著書『「多様な意見」はなぜ正しいのか』（日経BP社）のなかで、民主主義から科学者のグループまでのあらゆる場面で、ランダムなチームがドリームチームに勝ることを示している。ランダムなチームには、たいてい専門家とアウトサイダーの両方がいる。チームのパフォーマンスを決める最も重要な要素は、リソースの多様性だ。リソースが多様なら、先入観にとらわれないオープンな議論ができ、さまざまな視点を採り入れた解決策に到達できる。

一見頼りなさそうでも、アウトサイダーは専門家とは違う時間の使い方によって、幅広いスキルを獲得している。そこで次に、アウトサイダーがどのようにして多様な体験に関わるのか、どのように幅広い分野のリソースを結びつけるのかに注目してみよう。

「なんでも屋」を見直す

一九七〇年代、NASAは「宇宙の隅々まで見通せる世界最大の望遠鏡をつくる」という壮大な目標を持っていた。それがハッブル望遠鏡だ。宇宙の年齢や大きさ、他の惑星の存在、銀河系誕生のしくみなど、ハッブルはこの世界や宇宙をめぐる基本的な疑問に答えてくれ、さらには途方もない発見をしてくれると期待された。

しかし、度重なる技術的ミスや予算不足のせいで、一九八三年に予定されていたハッブルの打ち上げは延期され、人々の熱も徐々に冷めていった。数年かけて設計を練り直し、ようやく一九八六年に配備の準備が整ったものの、今度はそこへ悲劇が襲う。スペースシャトル「チャレンジャー」号の爆発だ。

私がその様子をテレビで見たのは、四年生のときだった(私以外にもたくさんの子どもたちが見ていたはずだ)。この悲惨な事故によって、アメリカの宇宙開発熱は一気に冷め、ハッブル・プロジェクトも中断した。その間、NASAは今後の事故防止に精力を傾けた。ハッブル望遠鏡も、ほぼ三年をかけて徹底的にテストされ、問題点を修正していった。

そして一九九〇年四月二四日、ついにスペースシャトル「ディスカバリー」号がハッブルを乗せて飛び立った。これでいよいよ宇宙の根源的な謎に答えてくれるだろう、世界中の人々がそう期待した。待ちに待った最初の写真は、配備から数週間とたたずに届いた。だが、そこに映っていたのは、二〇年近く待ち、何十億ドルもかけたプロジェクトにしては期待外れのぼやけた画像だった。

その後の調査で、望遠鏡の鏡に不具合があることがわかった。ごく小さなミス（厚さにして紙片の五〇分の一程度）だったが、影響は大きかった。そのままにしておけばハッブルの写真はいつまでも不鮮明なままで、宇宙の謎の解明は新しい望遠鏡が登場するまで数十年待たなければならない。

すぐに修理をするしかない。それを手がけるリーダーとして白羽の矢が立ったのが、ストーリー・マスグレイブというハイスクールを中退した男だった。一九三五年、マサチューセッツ州ストックブリッジ生まれ。酪農場で育った冒険好きで、三歳のころから近所の森へひとりで出かけ、五歳のときには手づくりのいかだで近くの川を下っていたという。一〇代のころには両親のアルコール依存や離婚で苦労をした。全寮制のハイスクールに入れられたがいやでたまらず、いつもトラブルを起こしていた。教師には思いやりが感じられず、刺激を得るところもない。そんなこんなでハイスクールを中退した。

その後、重機整備士の仕事に就く。マサチューセッツ・ターンパイクの建設に使う重機だった。マスグレイブは生まれつきモノを修理するのが得意だった。しかし、ターンパイクが完成すると仕事がなくなった。中退の身では今後の見通しもはっきりしなかった。

そんな現状からの逃避先を求めて、マスグレイブが入ったのは海兵隊だった。そこで航空電気技師兼計器技術者として、重機の修理で培ったスキルを航空機に応用した。このとき一八歳。その仕事のおかげで、好きな飛行機のそばにいることができた。とはいえ、ハイスクールを出ていないと軍用機のパイロットにはなれない。

どうしてもコックピットに座りたい、その思いが募ったマスグレイブは、大学進学を決意する。ふつう、ハイスクールの中退者は志望しても受け付けてもらえないが、彼はシラキュース大学の学生部長のところまで直談判に行き、入学を許可してもらった。

大学では、数学・統計学の学位を取って卒業したが、マスグレイブはまだ満足しなかった。全部で一六〇近い講座を取り、UCLAのMBAのほか、マリエッタ大学の化学の学位、コロンビア大学の医学博士号、ケンタッキー大学の生理学・生物物理学の修士号、ヒューストン大学の文学修士号も取得した。そしてそのあいだに、念願のパイロットのライセンスを取り、軍隊へ戻って晴れて飛行機乗りになった。

NASAが宇宙へ行きたい科学者を募集しているのを知ったとき、マスグレイブはすでに企業勤務の数学者、コンピュータプログラマー、脳研究者、パイロットなど、いくつもの職業を経験していた。「これまでに身につけたスキルを残らず発揮できる仕事だ」、彼はそう考えた。結局、NASAには三〇年以上勤務することになるが、その間も外傷外科医としての仕事を月に三日は続けた。

腕の傷から飛行機の燃料漏れまで何でもなおせてしまう彼は、この重要な任務にうってつけだった。本人も、ミッションペイロードスペシャリストおよびハッブル望遠鏡の修理を担うリードメカニックとして、自分は異色であると同時に適材だと自認していた。「私は、重要かつ困難な役割を果たしてきた宇宙物理学者、天文学者、光物理学者、エンジニアなどの方々とは違う」。どこかひとつの分野で専門知識を深めるのではなく、何十年にもわたって多方面で経験を積んできたからこそ、マスグレイブはこの重要な役割にふさわしい準備ができた。「さまざまな幅広い分野を詳しく分析し、そこで得られたベストプラクティスを適用することで優れた創造性を発揮する――そんな一例じゃないかな」と彼は言う。

最終的に、ハッブル修理のミッションは一一日間続き、乗組員が交代で五回も続けて船外活動をする、NASA史上最も複雑な任務のひとつになった。マスグレイブは三回の船外活動で合計二二時間を費やし、重傷患者を蘇生させるベテラン外科医の腕前を修理に活かした。外科医として働くのをやめた理由を問われて、彼はこう答えている。「もちろんハッブルの手術をするためです」

幅広い経歴を利用して複雑な課題を解決できる――これはまさしく「マルチCルール」の好例だ。つまり、多様な経験を積めばリソースについてより広い視野で考えることができ、問題に取り組むアプローチの幅も広がる。マスグレイブはみずからの任務を手術と捉え、その結果、外科医としての経験を活かして望遠鏡の欠陥を正すことができた。

マスグレイブのような「なんでも屋」は、いまや希少種となってしまったが、ついこのあいだまで社会的に高く評価されていた。レオナルド・ダ・ヴィンチ（画家、建築家、音楽家、数学者、エンジニア、発明家、解剖学者）、ベンジャミン・フランクリン（著述家、画家、政治理論家、郵便局長、科学者、外交官）、メアリー・サマヴィル（天文学者、数学者、地質学者）、ポール・ロブソン（歌手、フットボール選手、法律家、社会活動家、二〇カ国語を操る俳優）……。それなのに、高い専門性が求められる現在では、人々はどんどん狭い範囲で知識を先鋭化させている。


皮肉にも、マルチCルールがすたれてしまったのには、同ルールの最大の信奉者ともいえる人物、アダム・スミスが関係している。

アダム・スミスは、一七二三年にスコットランドのカーコーディという町で生まれ、世界を代表する思想家になった。早熟な子どもだったようで、一四歳のときにグラスゴー大学で道徳哲学を学びはじめ、その後、奨学金を得てオックスフォード大学に進む。だが、堅苦しい環境になじめなかった。図書館で過ごすことに慰めを見いだした彼は、そこで幅広い学問を独学し、それがのちの哲学や歴史学、政治学、言語学、天文学への貢献、さらには経済学の基盤確立につながっていく。

『国富論』のなかでスミスは、今日の経済思想に影響を与えつづける多くの原則を述べている。「見えざる手」（個人の利益を追求すれば、おのずと社会全体の利益につながるという考え方）はよく知られているが、ほかにも、強い影響力を与えた考え方がある。それは「分業」である。

同書の冒頭、スミスはピン工場について語っている。ひとりの職人が一日がんばって働いても、ピンは一本しかつくれないかもしれない。だが同じ仕事を専門的な工程——針金を引き伸ばす、まっすぐにする、切断する、先を尖らすなど——に分け、別々の人間に担当させれば、もっとよい結果が得られる。それぞれの職人は担当の仕事を繰り返すうちに専門家となり、ミスを減らして生産性を高めてゆく。スミスの推論によれば、一〇人の職人が責任を分担すると、一日五万本のピンをつくることができる。一人あたり五〇〇〇本の計算だ。

産業革命のさなかに広がった分業が、景気拡大の時代の先導役になったのは間違いない。問題は、社会学者のロビン・レイドナーが指摘するように、製造工程の分割に端を発した分業が、間もなくあらゆる仕事に適用されたことにある。知識労働者のあいだですら専門分化が強まった結果、人々は自分の責任分野については詳しいのに、すぐそばで起こっていることは何も知らないままになった。

組織のなかで専門分化に代わって多様な経験が求められる場所があるとすれば、それは経営トップである。企業のエグゼクティブはさまざまな分野を理解し、それらを関連づける必要がある。分業の力は強いから、多様な経験をするのは容易ではないが、それでもどうにか幅広い経験を重ねた経営者は、十分に報いられる。

財政学を研究するクラウディア・クストディオらのチームは、中小および大手企業の経営幹部の履歴書を調べ、彼らがどれだけマルチCルールに従ったかを評価した。まず、四五〇〇人のCEO（過去に就いたポジションの総数は三万二五〇〇）のデータを集め、次の五項目から成る「多様な経験指数」を測定する。(1)製造、マーケティング、人事など、さまざまな分野で経験したポジションの数、(2)勤務した企業の数、(3)経験した産業の幅広さ、(4)大局的思考に関わった経験、(5)多様な事業がある企業での勤務経験。そのほか、年齢、在職期間、学歴などの要因も勘案した。次いで、対象となったCEOを、マルチCルールの該当者（指数値が平均を上まわった被験者）とそうでない者（平均以下の被験者）とに分けた。

すると、報酬の額に大きな差が出た。マルチCのCEOたちは報酬が一九％高く、年間で約一〇〇万ドルも多かった。さらに、報酬額をさらに高くする要因がひとつ見つかった。職務要件に合併、買収、業界再編などの複雑なタスク（マクナマラ教授の研究で、専門家にとって最も難しいことがわかっているタスク）が含まれていると、報酬が最大四四％も多くなったのである。この傾向は、さまざまな産業に当てはまった。

マルチCルールで高額の報酬を受け取るCEOと同様、私たちの多くも複雑な状況に置かれているときは経験の幅がものを言う。著書『ハイ・コンセプト』（三笠書房）のなかで、ダニエル・ピンクは次のように述べる。「かつてはひとつの分野の知識を深めれば成功が保証されたが、いまはまったく違う複数の分野で同じように自信を持って行動できる人が最高の報酬を得る」

ただし、最高レベルに属さない一般人にとっては、ピンクの説よりアダム・スミスの説のほうに軍配が上がる。分業は専門特化した体験を推し進めることで（代わりに多様な体験を犠牲にすることで）組織の生産性を飛躍的にアップさせる。アダム・スミスのピン工場のように、組織の既存オペレーションには絶大な効果がある。その代わり、従業員は個人としての成長を考えられなくなり、組織の複雑な課題に対応できなくなる。

では、私たちはどうすればいいのか？　救いはないのか？

スモールワールド現象

一九八九年三月二四日、エクソン・バルディーズ号がアラスカ州のプリンス・ウィリアム湾で座礁し、サケ、ラッコ、カモメ、アザラシなどの生息地に約三八〇〇万リットル以上の原油を流出させた。その影響は、世界最大の環境人災のひとつとして何十年も続いた。この事故を受け、議会は流出油回収研究所（ＯＳＲＩ）を設立して、将来の流出事故が大惨事にいたらないようにするための方法を模索した。

ＯＳＲＩの研究プログラムマネジャー、スコット・ペゴーの仕事は、この地域で原油流出が起きても、その影響を一定範囲内に収めるにはどうするかを考えることだった。人々はバルディーズ号の事故から、「何よりも優先すべきは半分凍結した原油の扱いである」ことをすでに学んでいた。北極海域では原油が半分凍った状態になり、安全な回収はほぼ不可能となる。ただ、残念ながら専門家にはよい知恵が浮かばなかった。

そんななかスコット・ペゴーは、（イエッペセンとラクハニが研究対象にした）イノセンティブ社に頼った。多様な人材がそろうソルバーが答えを出してくれることを期待して、最も優れた提案には賞金二万ドルを贈ることにしたのだ。これに専門家とアウトサイダーが参加した。

そのひとりに、イリノイ州ブルーミントンの化学者ジョン・デービスがいた。彼は、原油流出、もっと言えばエネルギー事業については素人だ。しかし以前、夏場にコンクリート打ちの仕事をした経験があり、固まりかけたコンクリートを元に戻すバイブレーターの存在を知っていた。凍りかけた原油を同じ方法で液体にできないだろうか、とデービスは考えた。アウトサイダーとして、専門家が考えもしなかった解決策を思いついたのである。

二〇以上のアイデアを検討した結果、ペゴーはデービスを勝者に選んだ。ペゴーは言う。「業界の人間が解決できるなら、とっくに解決されていたでしょう。……あとで『なんで思いつかなかったんだろう』と悔しがるケースがままあります。専門外の人に訊いてよかったと思います」

ペゴーはみんながめったにやらない、外部の人に助けを求めるという行動に出た。デービスは原油回収の専門家ではなかったが、専門家が知らないことを知っていた。住む場所も経歴もまったく異なるふたりが、社会学者の言う「スモールワールド現象」(知り合いをたどっていくだけで世界中の人とつながれる現象)のおかげで出会い、協力しあい、勝利した。

私たちはふだん、それぞれ独立した知識、関係性などのリソースのなかで生きているが、そこから外へ出て別の人たちと交わるのは、じつは驚くほど簡単だ。

外へ踏み出すという点でどんな組織やグループよりも秀でているのは、カリフォルニアを拠点とする工業デザイン企業のIDEO(アイディオ)だろう。アンドリュー・ハーガドン教授と同僚のロバート・サットンは、数年かけてこの会社を現地調査した。そして、社員へのインタビューや行動観察を通じて、彼らが難しい問題に対する独創的なソリューションを繰り返し思いつくのはなぜかを探った。

答えは明白だった。IDEOは見過ごされている専門知識を新しい分野に持ち込むことで、社員が世界を小さくできる（スモールワールド現象を実現できる）体制をとっていたのである。

ＩＤＥＯとその社員たちは日常的に、ある状況を想定して用意されたリソースを拝借し、それをまったく違う状況のまったく違う問題を解決するために利用している。ハーガドンとサットンは、このように社員がリソースを別の新しい場所に適用できる文化を築くには、四つのステップが必要だと言う。

第一に、周りの世界を探索すること。マルチＣルールを受け入れ、頭のなかにアイデアのデータベースを築くのだ。この場合、具体的な目標達成をめざす必要はない。ただ好奇心を満たすだけでよい。たとえばＩＤＥＯの社員は、ホームセンター、「バービーの殿堂」、廃飛行機置き場といった場所を訪れる。奇妙に映るかもしれないが、これこそが重要な点である。具体的な何かを学ぶというよりも、世界に関する考え方をあえて多様にしようというのだ。アウトサイダーは、専門家と同じ慣例や因習にとらわれない。伝統的な知識に焦点を合わせる代わりに、もっと広い網を投げ、トーマス・エジソンの名言「発明に必要なのは優れた想像力とがらくたの山」を体現する。

第二に、リソースをつねに念頭に置き、すぐ使えるようにしておく。人は、知っていることを忘れ、持っているものを見過ごしやすい。そのため、ある状況で利用したリソースと、別の状況で抱える問題とを結びつけることができない。そこでＩＤＥＯでは、博物館の収蔵品をたとえに使う。キュレーターを雇って、過去のプロジェクトのさまざまな素材（プロトタイプ、スケッチ、設備、メモなど）のカタログをつくるというわけだ。リソースを自分のために貯め込もうとする輩もいるが、アウトサイダーはアイデアを他者と共有し、学びつづけようとする。

第三に、類推すること。ジョン・デービスは原油回収の問題をコンクリート打ちの観点から眺め、一見無関係の経験を用いて問題解決する可能性を切り開いた。IDEOではオープンなオフィススペースを利用して、社員の話し声がお互いの耳に入りやすいようにしている。他の社員の仕事から何かを類推することを奨励するためだ。

あるとき、ふたりのエンジニアが無駄毛を吸い込める電気かみそりの設計をしていた。ハーガドンとサットンがこのふたりといっしょにいたとき、彼らの会話を立ち聞きした社員が、同じような問題――メスで焼灼《しょうしゃく》した皮膚からいかに臭いを取り除くか――をもとにしたアイデアをいくつか提供してくれた。このように表向きは異なる問題を結びつけることで、IDEOはすでに数多くの新しい問題を解決している。

最後に、アイデアを頻繁にテストすること。たいていは失敗に終わることを覚悟して。IDEOは過去のプロジェクトでいろいろ失敗しており、テストをするのもゼロベースからでなくできる。だから安く上がる。多くの人は、アイデアが使えないという証拠を目の前にしても、2章でふれた「立場固定」のせいでなかなかあきらめきれないという問題を抱えがちだが、外の世界へ出れば、手持ちの資源がいかに豊かであるかを発見できる。分野を越えたリソースの移動を可能にすれば、短期的な課題も長期的な課題もずっと扱いやすくなる。アウトサイダーはその役割を果たすが、たとえアウトサイダーでなくても、アウトサイダー的な経験は積むことができる。

「深さ」から「広さ」へ

たいていの人は「経験を深めるべきれっきとした理由」を持っているが、それはアウトサイダーへの道の障害となる。たとえば、相当な時間をかけないと有能な医者や会計士、弁護士、建築家にはなれない。教育、仕事、組織における分業のせいで専門家への道を進まざるをえない面もある。だが、専門家であってもアウトサイダーの考え方を受け入れるのは重要だし、組織は（企業、政府、学校を問わず）そうした動きを奨励しなければならない。

外の世界へ出るのは、あくまで第一歩である。最も成功する専門家はマルチCルールにも従い、人々を偏狭な世界に閉じ込めようとする「正統性」とは一定の距離を置く。ストーリー・マスグレイブは文学を学んだし、ノーベル賞を受賞した科学者にも芸術愛好家が多い。実際、研究によると、こうした一流科学者は一般の科学者や市民と比較して、芸術に関与する確率がかなり高かった。深くかつ多様な経験をめざせというのは要求が厳しい、と感じる向きもあるだろうが、専門家のなかには当然のようにその両方をめざす者がいるのだ。

グーグルの会長エリック・シュミットは、次のように述べる。「同じ人が詩を書き、橋をつくったころのように、芸術と科学をふたつながら取り戻すことが必要だ」。また、全米大学協会が最近行なった調査によれば、採用責任者のほとんどは、専攻科目の詳しい知識とともに、アウトサイダー的な幅広い経験を学生に望んでいるという。

心理学者は人間の生まれつきの違いを「ビッグファイブ」という五つの人格特性で分類する。そのひとつが「経験への開放性」だ。これは、幅広い経験に対してどれだけ関心を持てるかということを意味する。

この度合を測定するとき、研究者は被験者に「単純／複雑」「狭い関心／広い関心」「同調／独立」「伝統的／非伝統的」などの相反する形容詞を提示し、自分がそのあいだのどこに位置するかを評価してもらう。閉鎖的な人はなじみのあるものに安心感を抱くので、各ペアの最初の形容詞に共感を示す。一方、開放的な人は二番目の形容詞に惹かれやすい。彼らはなじみのないものを求めようとするので、自分の小さな世界を超えた多様な経験を積むようになる。そして、発想が豊かになる。

場合によっては、周囲の環境のせいで世界が広がることもある。転職がそうだし、知らない場所への旅もそうだろう。新しい経験に偶然出会う場合もある。

最近のある調査では、人々の「文化的経験」の例（親のしつけ、言語、好きなレストランやミュージシャン、親友の経歴など）をいくつか設定し、次いで知人への贈り物について、被験者がどれだけ新しい発想ができるかを評価した。すると、文化的経歴が多様な人は「詩」のような意外な贈り物を思いつき、文化的経歴が一様な人は「チョコレート」のような平凡な贈り物を思いついた。みずからの選択にせよ環境の影響にせよ、多様なコンテキストのなかで成長、生活する人は、リソースについてより独自の発想ができるのだ。

新しい経験を意識的にめざすといっても、なにもマスグレイブのようにあれこれ学位を取る必要はない。自分の小さな世界から一時的に抜け出そうとするなら、専門外の分野に関する本を読む、趣味を楽しむ、さまざまな経歴の持ち主と話すなど、新しい行動を集中的に起こせばよい。

研究によると、オフィス以外の場所でこうした経験を積めば、仕事もうまくいくことがわかっている。ある大手保険会社のシニアマネジャー一七九人に、専門分野外の経験（とくに仕事以外の体験や趣味）を仕事上の課題解決にどれくらい役立てているかを訊き、後日、リソースの利用法について本人や同僚に尋ねたところ、仕事以外の経験が幅広い人ほど、仕事で創意工夫を凝らしていることがわかった。

経験を深めると同時にマルチCルールに従うのは、深掘りと多様性を両立させることであり、たしかに難しい。だからこそ、周囲にアウトサイダーを確保することが重要になってくる。人はつい、自分に似た人をそばに置きたがるので、意識的に多様な経験を持つ人と個人的、あるいは仕事上の関係を築くことがポイントとなる。専門知識の少ない人が、ときにはチームにいちばん貢献するのだと認めることも必要である。

「よそ者」を歓迎しよう

ギャビン・ポッターのような人物を見つけるのは難しいし、そういう人を仕事のチームに加えるのはもっと難しい。だが、効果は間違いなくある。

コンピュータ科学者のイェフダ・コレンと、統計学者のロバート・ベル、クリス・ボリンスキーの三人は、ポッターのアプローチを参考に、ネットフリックス賞でのいっそうの進捗をめざしたが、コンテストが掲げる最終目標には達しなかった。すると彼らは、他のチームと合体してさらなる多様化をはかった。「すでにいい線をいっているチームといっしょにやるのがふつうかもしれませんが、双方のやり方が重複していては意味がありません」。さらにアウトサイダーを受け入れた彼らは、見事、目標突破に成功した。

アウトサイダーと力を合わせれば、成果は格段にアップするのである。

5 台本がないほうがうまくいく!?

計画の前に行動せよ

一九九一年のある日、映画製作者を志望する二三歳の健康な若者、ロバート・ロドリゲスは、病院で検診結果を不安げに待っていた。願いどおり臨床試験の被験者に選ばれれば、一カ月入院して試薬を投与され、その報酬で映画をつくることができる。もらえる金額は三〇〇〇ドル程度だが、彼いわく「体を張って稼いだお金なら、使い方も慎重になる」。

無事に検診にパスしたロドリゲスは、一カ月の試験用のユニフォームであるグリーンの手術着と赤いTシャツに着替えた。これからは「レッド11」と呼ばれることになる。

被験者は全員が入院するのだが、色別のグループに分けられ、赤いシャツの被験者には特典がいくつか与えられる。いちばん貴重なのは、屋外でのレクリエーションだ。食事も特別で、(グルメとはほど遠いにしても) 青いシャツのグループからうらやましがられた。

青シャツの被験者はカロリーが制限されているせいで、ときおりキッチンの棚をあさったり、ポテトチップをめぐって互いに取引したりした。

ロドリゲスは、毎日の採血とトイレ休憩（これは厳格に管理されていた）のあいだに、『エル・マリアッチ』の脚本を書いた。旅まわりのミュージシャンが、ギターケースにマシンガンを入れていることで知られるギャングと間違えられるという、スペイン語の映画である。

臨床試験が終わって報酬を受け取ったロドリゲスは、すぐに製作にとりかかったが、そのスタイルはきわめてユニークなものだった。ハリウッドは贅沢を追い求めることで有名だ。ギャラの高い俳優、小道具、特殊効果、手の込んだセット、大人数のスタッフ……。優れた成果をあげるには、こうしたリソースが必須だと思われている。だが彼は考えた。もし従来のやり方に倣ったら、最低でも一〇万ドルはかかるだろう。それに多くの業界関係者を知っていなければならないし、経験ももっと必要だ。

そこで、まったく違うアプローチをとった。まず、すぐ手に入るものをリストアップした。友人の牧場、ピットブル一頭、血糊を入れるコンドーム、照明代わりの電気スタンド、カメラをまわしながら腰かける車椅子（台車代わり）、そして病院で出会った主役「俳優」。

脚本、撮影、編集、音響、製作助手……、彼は出演以外のあらゆる役割を自分でこなした。「やり方がわからなくてもスタートするしかなかったから。いざ始めれば、なんとかなるものです。……インスピレーションを得る前に、まずは行動。インスピレーションを待ってからじゃ行動は起こせない」。その言葉どおり、ロドリゲスは思いきって前へ踏み出すことで、インスピレーションを得た。「正しい」リソースを待っていたら、何の進捗もなかったにちがいない。

撮影が始まると、今度はたびたび脚本を無視した。その場の思いつきで脚本を変えると進行に遅れが生じそうだが、ロドリゲスはそれをむしろプラスの要素に転換した。本人の言を借りれば、ストレッチのおかげで「世界中の時間とお金を手にしていた場合よりもずっといい映画」をつくることができた。

あるシーンでは、映画を撮影したメキシコ国境近くの町の警察からマシンガンを借りた。最初はそこに空包を詰め、ギャング（名前はアズール）が銃を乱射しているように見せようとしたが、うまく作動しなかった。とはいえ別の銃を手配する余裕はない。そこでカメラワークを変更した。アズールが銃撃しているコマを撮ったあと、カメラをパンして撃たれた人たちを撮り、追って銃を乱射するような効果音を加えたのだ。

結局、こんなふうにカメラが捉えたあらゆるものを編集でつなぎ合わせ、ミスした箇所のストーリーを変更したことで、かえって批評家をうならせるハイテンポな映画が生まれた。「最後は手持ちのものでなんとかやるしかない」と彼は言う。

周囲の状況を絶えず観察しながら、ロドリゲスはそこここに現れるリソースを活用していった。ある日のこと、撮影からの帰り道にストローを挿したココナッツを売るスタンドを通り過ぎた彼は、これは何かのシーンに使えるのではないかと思い立った。予定にはないシーンだが、そんなことはかまわない。さっそく、主人公のミュージシャン、マリアッチが町に足を踏み入れたとき、喉の渇きをいやすためにココナッツジュースを買うシーンを撮影した。ところがこのとき、マリアッチが支払いをするシーンを撮り忘れた。さて、彼はどうしたか？　撮り直す代わりに筋書きを変更した。町を訪問する者はみんな無料で飲み物を受け取れるという設定にしたのだ。

映画が完成すると、スペインのビデオ市場に売り込みをかけ、最終的に二万五〇〇〇ドルのオファーを受けた。莫大な額とはいかなかったが、それだけあれば次の映画が撮れる。学んだことをさらに活かし、プロの映画製作者になるという目標にも一歩近づける。

ロサンゼルスで正式な契約締結を待つあいだ、ロドリゲスは電話帳をめくった。人脈や評判や経験がないからといって、世界一流の芸能プロダクションの注目を浴びようとする意欲が萎えたりはしなかった。彼は、芸能エージェントのロバート・ニューマンのオフィスに飛び込みで電話をし、そのアシスタントに会って売り込みをかけ、『エル・マリアッチ』の予告編を置いていった。

三日後、電話が鳴った。予告編を気に入ったニューマンが、いくらかかったのかと訊いてきた。ロドリゲスが七〇〇〇ドルだと答えると、ニューマンはこの若き天才に感心し、たいていの予告編は二万ドルから三万ドルかかるものだと言った。映画全編にかかったのが七〇〇〇ドルだということは知る由もなかった。

結局、スペインのビデオ流通業者は約束したお金を払ってくれなかったが、それが吉と出た。ロドリゲスはニューマンと契約し、『エル・マリアッチ』はすべての主要映画会社の知るところとなった。ライバル各社を抑えて購入権を勝ち取ったのは、コロンビア映画だった。金額はおよそ五〇万ドル。ロドリゲスはこの結果に驚きつつ、リソースを追い求めなくても、ストレッチで映画づくりを成功に導けることを確信した。

じつは、コロンビア映画は当初、もっとよい設備、経験豊かな俳優、大規模なスタッフで『エル・マリアッチ』をリメークしようと考えたらしい。たしかに、オリジナル版はスタッフが少なすぎた。ロドリゲスもエンドクレジットに架空の人名を加えて箔をつけようとしたほどだ。だが、コロンビアのお偉方は、ハリウッド映画には豊富なリソースをつぎ込まなければならないという先入観を改めた。ロドリゲスが持てる素材を巧みに使うことで、大金を投じてもかなわないユニークな映画をつくり上げたことに気づいたのだ。

興行収入は二〇〇万ドルを超えた。大ヒットではなかったものの、この成功のおかげで、ロドリゲスはハリウッドでのキャリアアップを果たし、『エル・マリアッチ』の続編『デスペラード』の脚本、監督、編集を任された。主演はアントニオ・バンデラスだった。その後も、彼は評価の高い（そして利益の出る）映画をつくりつづけ、おかげでプロジェクトの選り好みもできるようになった。

しかし、たぶん何よりも重要だったのは、『X－MEN』や『猿の惑星』のような大ヒット映画をつくってほしいという依頼を断ることができたことだろう。彼は、そんな映画をつくっても少しも楽しいと思えなかった。それほどとてつもない予算を使ったら、リソースフルな映画づくりならではの満足感が得られない。「資金がなくても無限の想像力と創造力があれば、無限の資金があるのに才能がない大物よりいい映画をつくれる。……弱みを強みにし、手元のわずかな資産を活用し、誰よりも努力することが肝心なんです」と彼は言う。

もちろん、大金を投じる映画をすべて断ったわけではない。野心的なプロジェクトがあれば、自分が望む条件で引き受けた。たとえば、子ども時代の経験に着想を得てつくった『スパイキッズ』三部作。これは興行収入が三億ドルを超え、予算は彼の映画のなかでは最大レベルだったが、それでもこのジャンルの一般的な作品に比べれば知れていた。

「高価な映画に見えますが、そう見えるだけ。編集作業はうちのガレージでやったくらいだから」。シリーズ最終作でジョージ・クルーニーに大統領役でゲスト出演してもらうにあたっては、ロドリゲスみずからクルーニーの家にカメラ持参で現れ、この名優のリビングルームで該当シーンを撮影した。

一見リソースになりそうもないものも含め、あらゆるリソースを活用して、ロドリゲスは評価の高い映画をつくり、商業的な成功を収めた。あわせて楽しい時間も過ごした。本人の推測では、「この業界にいることを本当に楽しんでいるのは自分だけ」らしい。

本章ではこのあと、彼の映画手法が私たちの仕事や日常生活にも参考になることを明らかにしよう。必要と思うリソースを手に入れるのではなく、すでに持っているリソースを使うのだから簡単な話に聞こえるかもしれないが、必ずしもそうではない。人間はともすれば計画を立てたくなるからだ。計画は現代生活で最も重要であると同時に、最も生活を縛る行為でもある。役に立つのは間違いないが、ときにはスピードダウン、悪くするとコーストアウトの要因にもなる。そのことを知ってほしい。

「しっかり計画を立てたおかげで成功した」などとよく言われるが、パフォーマンスの最大の決め手となるのは何をするかであり、何を計画するかではない。

計画が足を引っ張るとき

一八六二年九月一七日、メリーランド州シャープスバーグで「アンティータムの戦い」が起きた。これは、米北部を舞台とする南北戦争初の大規模会戦で、アメリカの歴史上、一日の戦闘としては最も多くの流血を見た。死者、負傷者、行方不明者は二万二〇〇〇人以上。激突したのは、ロバート・E・リー率いる五万五〇〇〇名の南軍と、ジョージ・マクレラン率いる七万五五〇〇名の北軍である。

メリーランドを侵略すべく北進したリー将軍は、すぐにマクレラン将軍と遭遇した。陸軍士官学校の卒業式で開会を宣したマクレランは、聡明な兵士、冷静な計画家として知られていた。

マクレランたちが南軍の北進を防ぐ態勢を整えたときのこと。ふたりの兵士が、リーの詳細な作戦計画（特別命令一九一号）の写しを発見した。それによると、リーは南軍を地理的に分割していた。これを上まわる軍勢で速攻をかければ、彼らはひとたまりもないだろう。北軍は決定的な勝利を収め、戦争を終わらせることもできるはずだ。

唯一の問題は、マクレランがいつも何か言い訳をしては行動を引き延ばし、実際の戦闘よりも戦闘の計画づくりに時間を割くことだった。同じ年、マクレランの行動の遅さに業を煮やしたリンカーン大統領は、次のような電報を送って警告を発していた。「軍隊を使いたくないのなら、私がしばし拝借したい」

アンティータムの戦いでも、マクレランはこの貴重な情報の活用法を思案した。そこへ特別命令一九一号に含まれない地域に敵軍が配備されたとの報告が寄せられた。すると、敵は計画に従わないかもしれないと不安になった。そうこうするうちに一八時間が過ぎ、彼はようやく自軍の計画を決定した。ところがそのあいだに、リーは軍の再統合を命じていた。前日までのマクレランの優位は帳消しになったのだ。

結局、リーの南軍は弱体化したもののバージニアまで逃げ帰った。マクレラン軍の動きが遅かったせいだ。リンカーン大統領はマクレランのもとを訪れて、バージニアまでリーを追いかけてとどめを刺すよう説得した。その際、ふたりは写真を撮られる予定だったが、リンカーンは妻に冗談まじりで次のような手紙を書いた。「あす午前に、マクレラン将軍と私の写真撮影がある。じっと座っていられればよいのだが。まあ、将軍のほうは問題ないだろうけどね」

その後、マクレランは六週間にわたって、リーの追跡を拒みつづけた。兵が疲れている、地形がわからない、川が深すぎて渡れない（でもリー軍の前進を阻むほど深くはない）、武器が壊れている、長靴や毛布や馬車が少ないなど、ありとあらゆる言い訳を並べ立てて。この男の行動力のなさには、リンカーンも顔をしかめるばかりだった。「彼は有能な技師だ」とリンカーンは考えた。「ただ、どうやら定置機関の開発に特別の才能を持っているようだ」。彼はマクレランにこう尋ねている。「敵がしていることをできないとは用心深すぎないか？　少なくとも向こうと同じくらいの勇気を持って行動すべきじゃないのか？」

マクレランはクビになった。

何ごとも準備しすぎということはない、ふつうはそう言われる。計画を立てれば綿密な行動指針ができあがるし、細部まで詰めたという申し訳も立つ。だがマクレラン将軍の例が示すように、計画立案には危険がつきまとう。計画を立てすぎると行動できなくなってしまうのだ。

人が計画を立てたがるのは、それになじんでいるからだ。幼稚園のころから計画づくりについて教わり、大人になってもそれを徹底させられる。週末の過ごし方から隠居後の暮らしまで、誰もが何でも計画を立てる。組織も計画立案が好きだ。直近の目標から長期的なロードマップまで、つねに計画がつきまとう。新しい戦略策定に関わる企業幹部、変革を推進する中間管理職、休暇の過ごし方を考える父親や母親、とにかく猫も杓子も、注意深く計画を立てれば、最善の結果が得られると考えている。

たしかに、時間や情報などのリソースがたっぷりあるときは、計画が効果を発揮する。だが、どれだけさまざまな変数（ライバルの動向、新製品を購入する顧客の割合、転職先の同僚と気心が通じる可能性……）を考慮して不確かな仮説を立て、その（当てにならない）仮説に基づいて将来の計画を立てたところで、そんな仮説のことなどすぐに忘れてしまうのも事実だ。また、結論が気に入らなかったら、望む結論が得られるまで仮説を再調整したりする。たとえば、どれくらいの数買ってもらえるかという仮説を変更することで、利益など出ないはずの新製品を大ヒット商品かのごとく見せるという具合に。

とにかく、時間をかけて計画を完璧にしようとすればするほど、行動は遅れる。行動が遅れると、状況がすでに変わっていたりする。そのあげく、もはや存在しない世界に対する計画を立てるために、多くの時間を無駄に使い、計画を立てたのだから、その世界はたしかに存在するのだと自分に言い聞かせる。

＝

計画立案の際にはつねに、スピードをとるか、正確さをとるかというトレードオフ（二者択一）の問題がついてまわる。迅速な行動が必要なときは、ほかにやり方がありそうでも目をつぶり、検討する情報を絞り込み、分析を速めて最適な方法をとる。ベストな解答には行き着かないかもしれないが仕方ない。見込み客と偶然エレベーターに乗り合わせたときに急ごしらえで売り込みをかけたとしても、とやかく言う人はいないだろう。

一方、きわめて重要な問題に対応しようとするときは、スピードよりも正確さを重んじて、つい計画を立てすぎてしまう。念入りに時間をかけて会社の五カ年予算をつくったり、新製品への大型投資を決めたり。重要な意思決定をくだすのに、高度な計画ツールに頼る企業も少なくない。問題は、そうしたツールを使っても、結果はあまりよくならないということだ。二四九六の組織を分析したある研究では、計画立案とパフォーマンスのあいだには、わずかな相関関係しかなかった。

計画立案のプロが、なぜ物足りない結果しか出せないのか？　それはスピードか正確さかのトレードオフにこだわるからだ。

スタンフォード大学教授のキャシー・アイゼンハートは、企業がこうしたトレードオフにどう対処しているかを知るため、コンピュータ企業八社で徹底した定性・定量調査を実施した。CEOをはじめとする経営幹部へのインタビュー、アンケートデータの回収、そして業界レポートや企業アーカイブの分析。その結果、意外な事実を発見した。意思決定が速い経営陣のほうが、多くの情報を頼りに多くの選択肢を検討していたのである。スピードと正確さかのどちらをとるかではなく、その両方をとった格好だ。

この謎を解くため、アイゼンハートはあらためてデータを精査し、行動の速い経営陣が利用した情報には違いがあることをつきとめた。彼らは現在に焦点を当て、自分たちの事業や競争相手に関するリアルタイムの情報を重視していた。これに対して、行動の遅い経営陣は、未来がどうなるかを想像するのに時間と労力を割き、予測しづらいできごとをなんとか予測しようとしていた。パフォーマンスを集計すると、売上、利益率、経営幹部の認識という点で、行動の速い企業のほうが遅い企業よりも優れていた。

綿密な計画立案をよしとする者にとって、この結果は不可解きわまりない。計画を立てないほうがパフォーマンスがよいとはどういうわけだ？　だが答えは簡単だった。

ハイパフォーマーは、行動から学習しているのである。計画を立てるとき、私たちは行動せずに行動を遅らせ、存在するかどうかわからない未来について考えをめぐらしている。しかし、ハイパフォーマーはあくまで現在にとどまり、素早い適応能力を身につけていた。

アイゼンハートが調べた人や組織は激動の環境に置かれていたため、未来はきわめて不透明だった。ゲームのルールがめまぐるしく変わるなかでは、計画は役に立たない。動きつづけながら学ぶことが何より重要だ。

そしてもうひとつ、迅速な対応には意外なメリットがある。計画に従っていないときは政治的、心理的、経済的な思惑があまり絡まないので、「コース維持」にこだわることなく、最新の情報にいち早く対応できるのだ。どれだけよく練られた計画でも、不完全なのが当たり前である。それなのに、作成した計画が完璧だと思い込み、他人に（そして自分自身にも）それを押しつけようとすると、事実が見えなくなる。

あなたも、計画立案に飛びつく代わりに、ときにはまず行動を起こさなければならない。

ジャスト・ドゥ・イット！

チェコの詩人・免疫学者のミロスラフ・ホルップは、ハンガリーの兵士の一団が偵察任務に出かけて、アルプスの山中で行方不明になった話を詩に書いている。寒さと雪のせいで、安全に帰還するのは難しい。二日たっても何の音沙汰もなく、上官は部下たちを死地へ送ってしまったのではないかと心を痛めた。すると三日目になって、兵士たちが奇跡的に無事戻ってくる。ほっとしながらも当惑した上官が、どうやって帰ってきたのかと尋ねると、兵士のひとりがポケットのなかに地図を見つけたのだという。天候が回復すると、彼らはその地図を頼りに帰途についた。だが、上官はその地図を見せてもらって驚いた。それは、アルプスではなくピレネー山脈の地図だった。

経営学者のカール・ワイクはこの話から、方向感覚を失ったときは「どんな古い地図でも役に立つ」と結論づけている。兵士たちが使ったのは別の場所の地図だったにもかかわらず、そのせいで彼らはパニックを起こさずに前へ進むことができた。行動することで周囲の状況を理解し、無事帰還するという共通の目標について語りつづけた。地図の価値は、その正確さにではなく、行動の触媒となりえた点にあった。

人は仕事上の成功や個人的な成功を地図（すなわち計画）のおかげだと考えがちだが、じつはたいていの場合、成果の原因となるのは行動である。問題は、われわれの多くが腰を上げずにじっとしているのが好きだということだ。だからそのまま過剰な計画づくりに没頭し、チェイサーの場合はとりわけ、正しいリソースが手に入るのを待つ。

行動を起こそうとしない態度に抗う——それは広告会社を経営するダン・ワイデンが一九八八年にやろうとしたことである。オレゴン州ポートランドにある労組会館地下室でスタートした彼の会社（借り物のタイプライターがあるくらいで、電話も公衆電話だった）は、そのとき存続の危機にあった。そしてこれを脱するために、ある小さなスポーツウェアブランドの、テレビCM用のキャッチコピーをひねり出そうとしていた。

そんなワイデンが、一晩考え抜いたあとにふと、同じオレゴン州出身のゲイリー・ギルモアの死を思い出した。

ギルモアは三五歳になるころにはすでに、窃盗、強盗、暴行などで人生の半分を塀のなかで過ごしていたが、一年後、最後の罪を犯す。ガソリンスタンドの店員とモーテルの管理人を殺害したのだ。裁判所はとうとう彼に死刑を言い渡した。

他の死刑囚と違い、ギルモアは上訴しようとしなかった。弁護士は判決を覆《くつがえ》そうとしたが、それも拒否した。母親が寛大な処置を望む手紙を書くと、自分の死の邪魔をさせないよう裁判所に願い出た。さらには、なかなか死刑を執行しようとしない州知事を「臆病者」と呼び、「宗教家も、人権協会も、みんな余計な口出しをしないでほしい」と訴えた。

そして一九七七年、ギルモアは米国で一〇年ぶりに死刑を執行された人物となる。その最後の言葉は「レッツ・ドゥ・イット（さあ、やってくれ）」だった。

このひとことが、ワイデンに閃きを与えた。彼はさっそく、クライアント企業の共同創業者であるフィル・ナイトにコピー案を投げかけた。ナイトはすぐさま「くだらない」とつき返したが、ワイデンは「信じてください」と言った。

ナイトが軟化したのは幸いだった。なぜなら、ワイデンがつくった広告コピーはその後、世界で類を見ない成功を収めたからだ。「ジャスト・ドゥ・イット（JUST DO IT）」。このキャンペーンによって、ナイキはアスレチック業界の最高峰へのぼりつめ、スーパースターたちに支持されるブランド、アクションを呼びかけるブランドとして世界的に認知されるようになった。

ワイデンが意識していたかどうかはともかく、彼のマーケティングキャンペーンは、人間のある心理をうまく利用していた。それは「制御モード」である。制御モードとは、目標達成に向けたリソースの使い方やリソースに対する考え方をコントロールする心のありようをいう。

計画重視の制御モードにあるとき、人はさまざまな選択肢についてできるだけたくさんの情報を集め、ベストなものを選ぼうとする。ちょっとやそっとの選択では満足せず、最高のものを望む。そのために膨大なリソースが必要になってもかまわない。だが、いざ行動を起こすと、その選択に疑問を感じ、もっといいやり方があるのではないかと考える。また他人との比較にも熱心で、チェイサーが得意な社会的比較の本能を働かせ、満足感を得られなくなる。

一方、考える前にとにかくやってみないと始まらないという人は、行動重視のモードに従っている。この場合は、現状維持から抜け出し、目標に近づくためには何だってやる。まだ気づいていない別の方法があったとしてもかまわない。

計画立案が偶像視される世の中にあって、行動重視モードの人は「大して考えもせず無謀に動いている」と見なされる。他方、計画を立てる人は「じっくり考えて目標をめざし、大きな成功を収める人」という具合に、プラスのイメージを持たれる。計画を立てるのが成功への(唯一ではないにしても)最善の道――われわれの文化ではそう考えられている。だが、それは真実ではない。

ある研究者は、イタリアのコンピュータ会社の社員七〇人を対象に、三カ月の間隔を空けて二段階のデータを収集した。第一段階では、被験者へのアンケートをもとに彼らの制御モード、内的または外的な動機づけの程度(内的動機づけは仕事の楽しさ重視、外的動機づけは報酬重視)を分類した。第二段階では、自分が目標をめざしてどのくらい努力したか、目標を首尾よく達成できたかなどについて、その度合いを被験者に自己評価してもらった。

結果はどうだったか? 仕事そのものに刺激を受け、報酬をあまり気にしていないのは行動モードの社員だった。彼らは単純に仕事を楽しみ、最善の道を見極めなければならないというプレッシャーとは無縁だった。内的動機づけに後押しされて目標へ向けた努力を重ね、目標達成の度合いも高かった。

他方、計画モードの社員は計算を重視し、報酬にこだわった。ベストな選択を求めるせいで仕事の楽しみが減り、その結果、努力をあまりせず、目標を達成しにくかった。[*]「計画を守らなければ」といつも不安なうえ、そもそもこれが最善の計画なのだろうかという不安もつきまとった。

計画立案は行動の妨げになりやすい。そこそこの計画で十分なのに、完璧な計画をつくろうとするからだ。ロバート・ロドリゲスは映画を仕事にしようとしたとき、ハリウッドに食い込むのに完璧なデビュー作は必要ないと知っていた。まずは映画製作者になるという夢にほんの一歩でも近づければよかった。もっとたくさんのリソース（人脈、資金、高性能カメラ）が手に入るのを待つ代わりに、とにかく映画をつくった。

あなたも彼に倣って、自身のプロジェクトの「監督」になるほうがいい。

とはいえ、いろいろな分野で計画立案が主流となっている世の中では、「まずはやってみる」のも簡単ではない。これは、仕事の経験がほとんどない若者でも、何十年も働いてきた企業幹部でも変わりはない。私の大学の教室でも、この傾向がつねに見られる。私が「あなたは数百年前の大型貨物船の船長で、これから航海に出るとします」と言う

---

*行動重視の被験者のほうが満足度が高く、成功しやすかったが、計画重視の姿勢も一定の役割を果たしていた。ただし、それは行動重視と組み合わさったときだった。計画を立て、行動もする人は、目標達成の確率がさらに高かった。

と、学生たちはさっそく計画に頼ろうとする。ＧＰＳや衛星電話などの近代ツールがないなか、どうやって仕事に取り組むのかと尋ねると、ほとんどが同じような答えを返す。たくさんの地図を調べ、風向きや潮流を予測して最適なルートを探し、針路を決める、と。そこで私はこう指摘する。ふだんの仕事や生活でも同じだが、航海には不確かなできごとや予想外の展開がつきものだ。潮流が変わるかもしれないし、嵐がくるかもしれない——。

すると、彼らはたいてい計画を変更し、新たな針路に沿って進むと答える。これは偶然にも、ヨーロッパの航海者が何世紀ものあいだ採り入れてきた原則と同じである。つまり航海を成功させるために、慎重に計画を練り、そのために必要なリソースを集め、計画を実行し、進捗を追跡し、必要に応じて計画を修正するのだ。

ある程度の情報と十分な時間があるときはそれでうまくいく。だが、未来に関する情報がないときは？　情報の分析が難しいときや、未来がつねに変化しているときは？　そのときは別の航海法が必要になる。

たとえば、私は教室でこんな方法を紹介する。ヨーロッパから遠く離れたミクロネシアのカロリン諸島に、チュークという小さな島々があり、そこに原住民のチューク人が暮らしている。チューク人の航海法は、ヨーロッパ人のそれとはまったく異なる。彼らは細かい計画を立てず、針路さえ決めない。まず目標を定め（○○島をめざすなど）、漕ぎ出し、少しずつ前進する。航海中は周囲をよく観察し、潮や風に応じて針路を修正する。もしチューク人の船長に航海プランを尋ねたら、答えに詰まるだろう。当人にもわからないのだから。

彼らの航海法は、広告界の第一人者ダン・ワイデンのコピーと同じモードに従っている。つまり「まず行動《ジャスト・ドゥー・イット》」なのだ。

たとえ計画好きの人であっても、行動志向のモードを採り入れることはできる。学生たちにはチューク人の話をし、かつて似たような方法をとった経験がないか考えてもらう。

計画と行動のあいだを行き来するのが難しくないことは、科学的にも証明されている。ある実験では、計画立案モードまたは行動モードのどちらかを採用したときのことを被験者に思い出してもらうだけで、彼らのモードを変えることができた。まず被験者に、過去にうまくいった行動を三つ思い出し、それについて書いてもらう。次に一部の被験者を任意に行動モードグループに入れ、次の三つについて答えてもらう。(1)「実行家」のふるまいをしたときのことを思い出す。(2)あるプロジェクトを終え、間を置かずに新しいプロジェクトを始めたときのことを思い出す。(3)何かをしようと決心し、始めるのが待ちきれなかったときのことを思い出す。

一方、同じく任意に計画モードに分類された被験者は、次の三つについて答えた。(1)自分を他人と比べたときのことを思い出す。(2)自分の長所・短所について考えたときのことを思い出す。(3)自分や他人の仕事を批評したときのことを思い出す。

すると、三つの問いに答えるという単純な作業だけで、被験者を実際それぞれのモードにすることができた。つまり、生まれつきの志向にかかわらず、別のモードを使って状況に対処したときのことを思い出せば、モードを簡単に変えられるのだ。

目標達成をめざすときは、ヨーロッパ式とチューク式の両方のアプローチが間違いなく必要である。ヨーロッパの船乗りが好む計画立案に依存しすぎると問題が生じる。私たちはもっとチューク人のやり方になじんだほうがいい。まず、あなた自身が置かれた状況の潮や風を読む。もっと聞き上手に、観察上手になるのだ。

「イエス、アンド」ゲーム

大学で教えはじめたころ、私は戸惑いを覚えた。学生の手が挙がれば挙がるほど、指名した学生がその直前に発言した人と同じコメントを繰り返す確率が高くなったからだ。「前の人の発言を聞いてないのか？」と思わざるをえなかった。

しかし、授業を重ねるうちに、悪いのは私だとわかった。たくさんの挙手をさばこうとして、私はひとりの学生を当てる一方で、何人かの学生に「次はきみだ」と知らせていた。そうすれば熱心に手を挙げてくれる学生たちにうまく対応できると思ったからだが、それが発言の順番を決め、会話がどう展開するかというプランをあらかじめ押しつける格好になっていたのだ。

こんなふうに会話の予定を立てると、最も適切な情報を持った人が最も適当なタイミングでしゃべれなくなり、情報、才能、経験、人間関係など、その部屋のリソースを最大限活用できなくなる。また、発言の順番を決めると、人は自分の発言の準備に気がいき、他人の話に耳を傾けなくなる。そうなると、前述したアイゼンハート教授の研究で成功する組織やチームが集めていたような、リアルタイムの情報も得られない。

国家運輸安全委員会の調査官だったマルコム・ブレナーは、大学院である心理学実験を行なった。まず四角い大テーブルと椅子を用意し、テーブルの上に、別々の単語を書いた六枚のカードを伏せておく。英語の刊行物で最もよく使われる五〇〇語から選んだ単語だ。

次に被験者が自分の前のカードの一枚をめくり、声に出して読む。あらかじめ決めた側(右か左)の被験者も同じことをする。それを順番に繰り返し、二五の単語が表を向いたところで読むのをやめ、被験者は出てきた単語を九〇秒のあいだにできるだけたくさん思い出して書き出す。

すると、ほとんどの被験者は自分が読んだ単語は簡単に思い出した。向かいの人が読んだ単語もまずまず思い出せた。だが、うまくいかない場所がひとつあった。近隣の人、すなわち直前の三人と直後の三人が言った言葉はなかなか思い出せなかったのである。

ブレナーの実験の被験者でも、私のクラスの学生でも、会議でテーブルを囲む人たちでも、「話す」「聞く」というふたつの役割を同時にこなすには相当なエネルギーが要求される。人は自分の話す番が近づくと、九〇秒前には聞くのをやめて話す準備を始める。だから前の人の発言は耳に入らない。パフォーマンスの計画——クラスのみんなの前で素晴らしいコメントをしたい、会議で鋭い指摘をしたい、あるいはパートナーに言い返さなければならない——にエネルギーをそそぐと、その直前のリアルタイムの情報を処理できなくなるのだ。そのため、いざ発言するころには、私の学生と同じように、その内容が的外れになっていたりする。

ブレナーの研究ではまた、発言後にふたたび聞く態勢を整えるのに同じくらいの時間が必要だということもわかった。このクールダウンによって、自分のパフォーマンスを振り返ることができるのだが、受けはよかったか、インパクトを与えたか、次は何を言おう？　そう考えているあいだは人々の反応が頭に入ってこない。重要な情報も聞き逃す。

もちろん、今後あなたがめざすべきは聞き上手になることだ。計画しすぎず、まず行動するよう心がけさえすれば、これは意外と簡単である。

ヴァイオラ・スポーリン（一九〇六〜九四年）は、紀元前三九一年ごろにローマ人が始めた即興劇を、現代によみがえらせた女性とされる。一九三九年、雇用促進局のリクリエーションプロジェクトの一環として、シカゴ中心部の子どもたちと活動をスタートさせた。彼女が考案した「シアターゲーム」は、演技力向上のために、いまなお世界各地で用いられている。

スポーリンのもともとの願いは、貧しい家庭の子どもたちにリソースフルになる術を教えることだった。周囲で起きていることに耳を澄まし、素早く行動するにはどうすればよいか？　その指導を通じて、たとえ貧しくても手持ちのリソースを使って自信を持って行動できることを教えようとしたのだ。

ともあれ、いまやスポーリンの技法は、アメリカの優れたエンターテイナーたちにも広く受け入れられている。彼女の息子ポール・シルズが仲間と立ち上げた「セカンドシティ」というコメディ劇団も、世界的に有名になり、ビル・マーレイ、ジョン・ベルーシ、ギルダ・ラドナー、マイク・マイヤーズ、ティナ・フェイなど、アメリカを代表するコメディアンが輩出している。

これらのコメディアンたちに共通しているのは、スポーリンの弟子、デル・クローズの指導を受けたという点だ。即興劇の指導者としてはあまり知られていないが、『サタデー・ナイト・ライブ』の演出指導なども務めた実力者だ。

デル・クローズはスポーリンの仕事を理解し、即興劇をもっと建設的な芸術へと高めるのに寄与した。演じ手は低俗な笑いに頼るのではなく、互いのせりふを注意深く聞き、キャラクターとテーマのあいだに積極的な関係を築くべきであると主張した。教え子たちにも、互いの物語をふまえて演技を進めることを望んだ。そのためには、共演者のせりふを受けて「イエス、アンド（ええ、そして〜）」からせりふを始めるべきであるというのが、彼の教えだった。

私は学生たちにリソースフルになるよう教える際、スポーリンの先駆的な仕事、デル・クローズによってさらに洗練された技法、そしてセカンドシティのリーダーを務めたケリー・レオナルドとトム・ヨートンが近著で紹介した最新の実践法を参考にしている。学生五人に輪になってもらい、「イエス、アンド」ゲームをしてもらうのだ。

このゲームでは、最初の人がワンセンテンスで何か言い、以降は順番に「イエス、アンド」と応じて物語をつないでゆく。ねらいは、前の人が言った内容をそのまま受け取りながら、物語を紡ぎつづけることにある。ときどき、物語をまったく違う方向へ持っていくせりふでグループを困らせるプレーヤーも出てくる。するとグループの団結が崩れ、まとまりが失われる。対照的に、互いを認め合いながら物語を進行させることができれば、各人が物語に重要な貢献をしたという気持ちになり、信頼が築かれる。

私が「イエス、アンド」ゲームをしようと思う理由はもうひとつある。周りで見ている人は、プレーヤーの発言がよく考えられていると感心することが多いのだが、プレーヤー自身は、成功のカギは「話す」ではなく「聞く」ことだと心得ている。直前（または直後）に何が起きるかわからなければ、プレーヤーは耳をそばだて、現在に集中しつづけるしかない。自分が発言するタイミングはそのときにならないとわからないし、発言内容もそのときにならないとわからない。注意深く聞き、計画のないまま相手に反応することで、何か新しいもの、もっとおもしろいものを生み出すことができるのだ。

ふつうの演劇は即興劇と違い、俳優が台本どおりのせりふを言うことで成立する。俳優は自身の演技の準備をし、共演者のせりふも知っている。予測はつきやすいが、すでにそこにあるものを材料に話を組み立てるチャンスはまずない。計画をきちんと遂行する、それが成果である。

では現実の世界はどうか？　伝統的な演劇のように台本が用意されることはそうそうない。それでも多くの場所である程度の台本ができているため、人は聞く余裕がなくなり、新しい可能性が制限される。職位、地位、学歴、身分、人格などが、人を話し手と聞き手に分ける。大学で教えはじめたころの私も授業プランにこだわりすぎ、教室を話し手（私）と聞き手（学生）に分断した。最初の授業評価のとき、ある学生が「先生の授業はシェークスピアの演劇みたいだ」とコメントした。最初は褒め言葉だと思った。入念に立てた計画を注意深く実行していたから。しかしそうではなかった。学生たちの授業への貴重な貢献――仕事の体験談、独自の見解、文化的視点――に、私は耳を傾けていなかった。

聞くことは目的ではない。大事なのは、「人々の意見を聞き、それをリソースとして活用すれば、不確かな何かを新たな知識や機会に変えられる」と認識することだ。それこそが「ジャスト・ドゥ・イット」のメンタリティの核心、即興の核心である。

職場でジャズを奏でる

一九九五年、当時三九歳のポーラ・ディクソンは、バイクで香港の空港へ向かう途中、転落事故を起こした。大したことはなかったので、そのまま香港からロンドンへ飛び立つことにしたが、搭乗後、前腕部の腫れが気になりはじめた。幸いにも、アンガス・ウォレストとトム・ウォンというふたりの医師が乗り合わせていた。彼らは腕の骨が折れていると診断し、飛行機に常備された救急医療キットを使って添え木治療を施した。仕事の出来に満足し、患者の具合もよくなったようだったので、ふたりは自席へ戻った。

だが一時間ほどすると、ディクソンは胸に激しい痛みを感じはじめた。息が苦しい。ウォレス医師が再度診ると、状況はさっきよりはるかに悪かった。肋骨が肺に刺さっている。すぐに手術が必要だった。最寄りの空港に着陸していては間に合いそうにない。だいいち、飛行機の降下にともなう客室与圧の変化は命取りになりかねない。

すぐ仕事にとりかかるしかなかった。ウォレス医師はボーイング七四七の後部に手術室を急ごしらえした。この空間は、たんに手術スペースとなっただけでなく、尋常でない手術をある種ふつうのものと思わせる効果もあった。高級ブランデーが消毒剤の役割を果たした。また、ハサミをメスに、ハンガーをチューブの挿入に使用し、ミネラルウォーターのペットボトルで肺のなかの空気を排出した。ファーストクラス用の熱いタオルは無菌包帯になった。

こうして、ディクソンは命をとりとめた。

私たちが日常的に直面する課題とは趣を異にするものの、この経験からは大きな教訓が得られる。予期せぬ事態が生じたときは、前へ進むことで状況を理解し、さらにその状況を変えることができる、という教訓だ。ウォレス医師は即興で一つひとつ行動を起こしながら、飛行機を病院へと少しずつ変化させた。

われわれもウォレス医師のように、即興で乗り越えるべきシーンに出くわすことがある。新しいライバルの登場、顧客の嗜好の変化、大ヒット商品の低迷、規制の変化による環境変動、仕事やプライベートで経験する挫折。こうした状況に対処するために肝心なのは、「行動すれば状況を改善できる」と知ることだ。

交響曲とジャズは、どちらも優れた音楽を生み出すのに才能ある音楽家が必要だが、その手法は大きく異なる。片や計画に基づく音楽、片や即興に基づく音楽である。

交響曲は計画立案アプローチに近い。ひとりのリーダー（指揮者）が専門性の高い音楽家たちの仕事をとりまとめる。演奏のしかたに関する詳細なプランが楽譜に記され、それを事前に何度も練習する。計画を誤りなく実行する、つまり譜面上の正しい音符を正しいタイミングで弾くことで、完璧なパフォーマンスが生まれる。

世の中が生産中心にまわっている時代は、交響曲のように仕事をするのが理にかなっていた。目標は矛盾をなくすことだった。しかし、個人の表現、適応性、創造性が中心の世の中、意外性に満ちた世の中になると、新たな曲調を学ぶ必要が出てくる。

ジャズには、バンドのプランを示す楽譜がない。各メンバーが何をどう弾くかわからないから、他のミュージシャンの演奏がどう終わるかに耳を澄まし、それにすぐ応じなければならない。計画をつくる代わりに、メンバーは気まずい沈黙を避けながら曲を続ける。最高のパフォーマンスは毎回違い、メンバーは交代でパフォーマンスをリードする。

たいていの個人や組織は、ジャズよりも交響曲を得意とし、それに価値を置こうとする。職場でも家庭でも、私たちは譜面どおりの練習を繰り返す。そうすれば、時間がたつにつれてどんどん上達するからだ。経験のないことで失敗する危険を冒すよりも、うまくできることを何度も繰り返し練習する。リスクがあるとすれば、聴衆の嗜好が変化して飽きられることだが、それでもやはり同じ曲を同じように演奏する。

ジャズミュージシャンのマイルス・デイビスは、バンドの即興術を高めるため、演奏中に違うキーで弾くことを要求した。彼はバンドのメンバーに、聴衆の前で練習してお金をもらえると言った。演奏は練習、正解はひとつではないという自由な発想のおかげで、彼らは素晴らしい音楽、さらには違う音楽——新鮮、意外かつ独創的でエキサイティングな曲——を生み出すことができた。

マイルスのアプローチは、ロバート・ロドリゲスが『エル・マリアッチ』を撮ったときの考え方に似ている。ロドリゲスはハリウッド受けする映画をつくろうと思ったのではない。この作品は実用的な（そして安上がりな）映画学校みたいなものだと考えたのだ。ふたりの芸術作品は聴衆を虜にすると同時に、演奏家やクリエイターにも尽きることのないスリリングな感覚をもたらした。

もしも、このやり方をあなたのプロジェクトに用いれば、リソースの使用法を革新することになるだろう。既成のやり方に揺さぶりをかけることで、自分にも他人にも自由な発想が生まれるだろう。

持てるリソースで行動を起こし、結果がどうなるかを見極め、そこから何かを学び、予期せぬ方法で人々と交わり、行動を修正する自由。そして、それを一からまたやり直す自由。めざすものが何であれ、ときには練りに練った計画を自発的な行動に置き換えて損はないはずだ。

つねに完璧な台本が必要とはかぎらない。……いや、台本なんてまったく必要ない。ただ、「アクション！」と叫べばいいのだ。

6
「期待」が人を変えていく

ポジティブな予言の種をまこう！

一八九一年、ハンスという名前の馬が、その尋常ならぬ能力でヨーロッパ中の人々をあっと言わせた。飼い主はウィリアム・フォン・オステンというドイツ人の数学教師で、彼が次々と出す問題に、ハンスは必ずといってよいほど正解した。

ハンスの専門は数学だが、時計や文字を読み、スペルを言うこともできた。「七÷三は？」と訊かれると、ひづめを二度踏み鳴らし、さらに余りの分をもう一回踏み鳴らす。黒板に書かれた数字の五と九を足すように言われると、ひづめを一四回鳴らす。長年の訓練・練習を通じて（つまりはフォン・オステンが生徒たちにやってきたのと同じ方法で）、ハンスは天才馬になったのだと思われた。

当然ながら、フォン・オステンがこっそり答えを伝えているのではないか、と疑う人もいた。だが一九〇四年に、サーカス関係者、動物園の飼育係、心理学者、獣医で構成される一団が厳しい調査を実施したところ、怪しい点は見当たらなかった。実際、問題を出すのが飼い主のフォン・オステンでなくても、ほぼ同じような正答率が得られたという。

ある著名な動物学者は、ハンスには「ものごとをはっきり認識し、心理的な印象を区別し、それらを記憶にとどめ、ひづめの言語で表現する能力」があると結論づけた。ついには「お利口ハンス」というニックネームまでもらった。

だが、果たして彼は本当に賢かったのか？

それから三年後、生物学者兼心理学者のオスカル・プフングストが、とうとう真実を突き止めた。たしかにハンスは賢かったが、その理由はフォン・オステンを含む周りの者が考えているものとは違っていた。プフングストの観察によれば、フォン・オステン（または他の質問者）が正解を知らないとき、ハンスはうまく答えられなかった。質問者との距離が長くなると、やはりハンスのパフォーマンスは低下した。目隠しをして視界をふさぐと、天才がごくふつうの馬になった。

つまりハンスは、質問者のボディランゲージのわずかな変化によって、自分が何を求められているかを察知していたのである。ハンスがひづめを正しい回数鳴らしたとき、フォン・オステン（または他の質問者）は少し前かがみになるか、無意識のうちに顔の表情が変わっていた。これを手がかりにハンスは「ご主人様の望む答え」に達したと気づき、鳴らすのをやめる。ご褒美にもらえるニンジンや角砂糖によって、この反応がますます強化されたというわけだ。

じつはお利口ハンスと同じく、われわれ人間も、期待を示す手がかりに反応する（かすかな手がかりのものもあれば、そうでないものもある）。自分や相手への期待、相手からの期待は非常に重要である。たとえ誤った思い込みでも、期待は仕事の業績や個人の幸福に大きな影響を及ぼす。本章でその理由を説明しよう。また、ストレッチャーがどのように「期待」で高いレベルのパフォーマンスを維持し、人間関係を築き、チャンスを追求し、目標を達成するのかも見ていこう。

「期待」が「現実」をつくる

第一次世界大戦終了後、いわゆる「狂騒の二〇年代」が始まった。アメリカ人は都市部に移り住み、新たな楽観主義を身につけた。経済的な可能性が無限にも見えるなか、多くの人が資産の拡大をめざし、株でひと儲けもふた儲けもした。株価は何年も上がりつづけ、彼らは大きな財を成した。

しかし、一九二〇年代が終わりに近づくと、その好景気は急速に終わりを告げた。一九二九年一〇月後半、株式市場はたった二日間で約二五％下げ、楽観的だった人々は金融機関への信頼を失った。

このとき、ブロンクスのある実業家が、地元の銀行バンク・オブ・ユナイテッド・ステーツの株を売却しようとした。ニューヨークで衣料品メーカーを経営する資本家が、一九一三年に設立したこの銀行は、ニューヨーク市内で六二の支店を擁するまでに成長し、一九三〇年には預金高が（現在の金額にして）ほぼ三〇億ドルに達していた。だが、実業家がその株を現金化してほしいと言うと行員は、当行は変わらず安全な投資対象であるから売却しないほうがいいと応じた。

株券を手にしたまま銀行を出た実業家は、売却を断られたという噂をさっそく広めはじめた。すると何時間もたたないうちに、このブロンクス支店に、心配した預金者の列ができた。ある客は二ドルの預金をおろすのに二時間待った。銀行は顧客の預金のすべてを現金で持っているわけではない。引き出し要請の殺到によって、同行の流動資産はピンチに陥った。

そうこうするうちに、現金を引き出すために並んでいる顧客を見た他の顧客まで、預金引き出しの列に加わった。それを見ていた野次馬が混乱に拍車をかけた。ついには推計で二万人から二万五〇〇〇人が銀行近くの通りにあふれ、何千もの顧客が銀行の預金高の約一割に相当する現金を引き出した。この「トラブル」のニュースはたちまち広がり、他の支店でも預金の引き出しが相次いだ。

結局、先の実業家が噂を流しはじめた翌日に、バンク・オブ・ユナイテッド・ステーツは破綻した。当時、同行は全米で最も多い四〇万人の預金者を抱えていたから、その破綻はかつてない規模の痛手を米国に与えた。*

銀行が破産する、という期待（予測）は誤った噂に基づくものだった。だが、それが人々の行動のきっかけとなり、最終的には本当に破綻させてしまった。社会学者のロバート・マートンは、同行をはじめとする多くの金融機関に起こったこの現象を「自己成就的予言」と名づけた。つまり、人々は状況が本当だと考えればそれを前提に行動し、結果、それが現実になって未来を変えるというのだ。

ポジティブな予言の偉大な力

大恐慌時代の取りつけ騒ぎに関するマートンの観察を下敷きにして、期待に関する社会学者の考え方は大きく変わった。この研究の最先端を担ったのは、ハーバード大学の心理学者ロバート・ローゼンタールである。

一九六〇年代、彼は科学研究の客観性に異を唱え、それらは「お利口ハンス」の数学的才能と同じくすべて幻想ではないかと考えた。つまり、実験中の研究者の期待が被験者に伝わっているのではないか、と疑ったのだ。たとえば実験用のネズミは、「こいつらは賢い」と実験者が信じているときのほうがよく学習し、「こいつらは馬鹿だ」と実験者が考えているときはあまり学習しない。マートンが銀行の取りつけ騒ぎを見て名づけた「自己成就的予言」と同じく、ローゼンタールの研究は、ネズミの知性に対する認識レベルが実験者のポジティブまたはネガティブな期待に左右されることを明らかにした。

しかし、この興味深い成果にもかかわらず、ローゼンタールの論文を受け付けてくれるところはなかった。そこで彼は、学際的な科学雑誌『アメリカン・サイエンティスト』で一般読者向けに研究結果を発表した。

サンフランシスコの小学校校長レノア・ジェイコブソンは、この手の研究には門外漢だったが、ローゼンタールの論考を読んで、ネズミで観察されるのと同じ過程が自校の教室

＊バンク・オブ・ユナイテッド・ステーツ以外にも、何百という銀行で取りつけ騒ぎが起こり、これを受けて政府は、預金者を保護するために連邦預金保険公社（ＦＤＩＣ）を設立した。顧客の預金に保険をかけることで、銀行が破綻しても大きな影響が及ばないようにするしくみである。それでも、二〇〇八年の金融危機は現代版の取りつけ騒ぎだったと見る向きもある。金融危機のさなかに破産申請をしたリーマン・ブラザーズの取引先は、同行が取引上の義務を果たすだけの流動性を持っていることが信用できなくなった。その結果、各社はリーマン・ブラザーズとの取引をストップし、それが同行の流動性危機を加速させた。リーマン・ブラザーズのリスク資産は、ＦＤＩＣの保険対象になっていなかった。

でも見られるのではないか、と考えた。そこで、さっそくローゼンタールを招いて次のような実験をしてもらった。

ジェイコブソンが勤務するオーク・スクールは、一年生から六年生までの各学年に三クラスずつ計一八クラスあり、生徒たちは「平均以上」「平均」「平均以下」という三つのグループに分類されていた。そして年度の終わりにはIQテストを受けたのだが、このときジェイコブソンは、次年度を担当する先生に、「この二〇%くらいの子どもたちはIQテストの結果がとりわけよかったから、来年は才能が開花する可能性が高い」と教えた。そう教わった先生たちは、一部の生徒が高いポテンシャルを持っているという期待を抱きながら授業を行なった。

八カ月後、生徒たちは再度IQテストを受けた。すると低学年では、ポテンシャルが高いとされた生徒はそれ以外の生徒に比べてテストの成績が飛躍的に向上した。一年生の場合は、IQスコアの上昇が二七・四ポイント(他の生徒は一二・〇ポイント)。二年生でも一六・五ポイント上昇した(他の生徒は七・〇ポイント)。*

だが、じつはジェイコブソンが「ハイポテンシャル」とした生徒はランダムに選ばれただけで、テストの成績をもとに選ばれたのではなかった。他の生徒よりIQが向上する道理はなかったのだ。それなのに、先生たちの期待を変えると、結果は様変わりした。知的ポテンシャルに関する嘘の前提が真実と化し、生徒たちは先生の期待に押されて一生懸命勉強した。先生のほうも、将来が嘱望される生徒にいっそうの注意を払った。ポジティブな予言が成就したのである。

ジョージ・バーナード・ショーの戯曲『ピグマリオン』は、神話のなかの彫像からその名をとっている。彫像の作者は、自分が彫った女性のあまりの美しさに彼女と結婚したいと熱望するようになり、生命を得たその女性と願いどおり結婚する。その自己成就的予言が持つ力を示唆するこの戯曲では、言語学者ヘンリー・ヒギンズと言語学に造詣の深いピカリング大佐のあいだの賭けをめぐって話が展開する。ヒギンズが貧しい花売り娘のイライザ・ドゥーリトルを訓練し、公爵夫人として通用するような話し方を身につけさせることができるかが、賭けの中身だった。

＊おもしろいことに、三〜六年生ではポテンシャルが高い子どもと対照群のあいだにＩＱの差は見られなかった。これについてローゼンタールとジェイコブソンは、幼い子のほうが変化や社会的影響を受け入れやすく、評判も固定されていないので、教師の期待が反映されやすいのではないかと説明している。

ヒギンズはドゥーリトルの話し方を変えるのに成功するが、この女性をゼロからつくりあげたのは自分だという思いから、彼女を自分の持ち物のように扱う。そんな扱いに気づいたドゥーリトルは、自分はヒギンズにとっていつまでも卑しい花売り娘なのだと言う。そして、ピカリングはつねに自分をレディとして扱ってくれたと続ける。彼女の結論はこうだ。女を淑女たらしめるのは、その話し方やふるまいではなく、他人からどう思われ、どう扱われるかである――。イライザ・ドゥーリトルがいみじくも指摘したように、人は往々にして他人から期待されたとおりの人間になる。

ピカリング大佐のドゥーリトルに対する態度のように、上司の期待が部下のパフォーマンスを変えることもある。期待は暗黙裡に伝えられることもあれば、はっきりと示されることもある。もっとおもしろい仕事を任せる、細かい管理や指示を減らす、「全体像」を頻繁に話し合う……そんな上司の変化は、じつは期待の表れなのかもしれない。

ともあれ、いわゆるピグマリオン効果によれば、誰かに大きな期待を寄せるとその人のパフォーマンスはよくなる。経営学者のダブ・エデンは、研究の重点をこの分野に置いてきた。主に調べたのはイスラエルの陸軍である。ある研究では、兵士を無作為に（確たる基準なく）ハイパフォーマーと標準パフォーマーに分け、司令官にそれを伝えたところ、ハイパフォーマーとされた兵士はそうでない兵士よりも、戦術の理解、地形知識の獲得、戦闘技術の向上などで、客観的に優れたパフォーマンスを示した。*

上司の期待が部下のパフォーマンスに影響するのは、それが部下自身の期待を変えるからだ。人間は馬以上にシグナルを読み取る。上司が大きな期待を抱いていると察知した部下は、自分への期待を高め、もっと一生懸命働き、もっと自分を高く評価するようになる。それによってパフォーマンスが少しでも向上すると、ポジティブな期待に対する信頼がさらに高まり、好循環を生む。上司のほうも、パフォーマンスの向上を目の当たりにして、最初の期待の正しさを確信し、それをさらに強化する。優秀な部下にもっと役立つ助言や意見を提供するようになり、部下のパフォーマンスはますます盤石になる、というわけだ。

期待は、家庭でも大きな効果を発揮する。結婚生活が満足できるものになると信じればそうなるし、**子どもの好成績を信じればテストの点が上がる。日常の人間関係のなかにも、他人に望むことがらを伝える機会はたくさんあり、たいていの人は、そうした期待に応えようとする(低い期待ならそれに合わせようとする)。

*ポジティブな予言をめぐる各種の研究を分析すると、その効果が最も大きいのは軍隊や教育機関であることがわかる。そうした組織のヒエラルキー構造が関係しているのかもしれない。また研究によれば、その人の当初のパフォーマンスがよくないときに、ポジティブ予言は最も効果を発揮する。

**婚姻関係におけるポジティブな期待で大事なのは、互いに前向きにふるまい、相手の行為に寛容になることである。

面接結果は会う「前」に決まっている!?

ここまでは、部下と上司、生徒と教師、はたまた馬と飼い主など、現在進行中の関係における期待を主に扱ってきたが、「第一印象が大事」と昔から言うように、なかには関係が始まる前から、期待が影響を与えるケースもある。では、もっとさかのぼって、相手を見る前に抱く期待が影響を与える、と言われたら信じるだろうか？

一九七〇年代、ある心理学者のチームが、期待によって新たな関係がどう形成されるのかを知ろうとした。そこでとっておきの方法として、大学生の被験者にブラインドデート（一種のお見合い）をしてもらった。男性被験者（ジャックとしておこう）に女性被験者（ダイアンとしておこう）の写真を渡す。実験中、ジャックとダイアンは顔を合わさず、電話でだけ話す。そして独立の評価者が、電話での会話をもとに、ふたりの新しい関係を評価した。

このとき、ジャック役の一部被験者には「これがダイアンだ」と言って別の女性——それもとびきりの美人——の写真を渡した（ダイアンのほうはジャックが自分や他人の写真を受け取ったとは知らされていない）。ジャックは写真を見て「ダイアンはかわいい子だ」と思うが、意外だったのは、ダイアン役の女性たちが彼らに、写真を渡されなかった男性に対するよりも、「やさしい」「愛想がよい」など、もっと魅力的なふるまいをしたことだ。

何がダイアンをそうさせたのかについて、研究者たちは次のように結論づけている。美人の写真を見てダイアンにポジティブな期待を抱いたジャックが、ダイアンによりポジティブな接し方をするようになり、それがダイアンのふるまいを魅力的なものにした——。

ピカリング大佐のイライザ・ドゥーリトルへの接し方のように、ジャックはダイアンに一定の期待を抱き、ダイアンはその期待に応えたのである。

＝

職場で誰かと初めて会うときも、期待が作用する。事前に聞いたよい噂、悪い噂が影響を与える。新しい同僚をいやなやつだと思っていたら、いいやつだと思っていた場合とは会ったときの態度がまったく違うだろう。そして挨拶のしかた、質問の内容、微笑み方などのシグナルを通じて、その同僚を本当にいやなやつ（またはいいやつ）に近づけるのだ。

ブラインドデートのなかでもとくに重要なのは、雇用主とのお見合いだ。面接の前、両者は初めてのデートのように緊張する。互いを多少は知っているので一定の期待はあるものの、十分な情報をもとに決定をくだせるほどではない。できればよい結果を出したいが、相性がよいかどうかはなおわからない。

でも結局、相性のよさは両者が握手する前から決まっていることが多い。

ある包括的な研究で、トーマス・ドハティ、ダニエル・ターバン、ジョン・カレンダーの三人は、エネルギー企業大手の採用担当部門からデータを集め、秘書からコンピュータオペレーターまで、幅広い仕事に応募した人たち全員を評価した。志望者は面接前に学歴や職歴を記した志願書を提出するとともに、希望する職種に関連した一連のテストに答えていた。この情報に基づき（志望者に会わないうちに）、採用担当者は志望者を九段階で評価した（1が最低評価、9が最高評価）。次いで志望者と無作為に面接したが、志願書やテストの成績をどのように使うかは指示されなかった。

それから八カ月間、研究者は採用担当者と志望者の面接の様子を録音し、そのテープを三人の助手に聞かせ、さまざまな観点から面接を評価する方法を設計させた。評価の観点には、肯定的配慮（面接者が志望者を支援するような質問をする、志望者に同意する、笑う、志望者を励ますようにしゃべるなど）、肯定的スタイル（面接者が友好的なふるまいをするなど）、質問アプローチ（自由回答の質問、選択式の質問、追加質問、探りを入れる質問などの数）などが挙げられた。また、採用担当者が内定を出す可能性も評価した。

さらに助手は、採用担当者の評価に加え、面接中の志望者の様子も評価した。

以上の結果を集計した研究者は、採用担当者が志望者に会う前から持つ印象が、志望者の採用可能性に大きな影響を及ぼすことを知った。期待が高いと面接者は肯定的スタイルをとるようになり、その結果、友好的な環境が築かれ、面接を受ける志望者も居心地がよくなるのだ。

また、志望者に会う前からポジティブな期待を抱いていた面接者は、会社や仕事を売り込むのに多くの時間を使い、志望者の適性を吟味するのにあまり時間を使わなかった。ジャックとダイアンのブラインドデートと同様、採用担当者の期待が面接中の志望者のパフォーマンスを高め、両者の絆を強くした。志望者は採用担当者が望む（または望まない）とおりの人間になり、採用担当者はこの人に内定を出そうと考えたのである。

ここまででわかるように、われわれは教師、上司、司令官、採用担当者など、その道の権威とされる人の期待に応えようとする傾向がある。逆に言えば、自分が権威者の立場にいるときは、高い期待をかけることで相手のストレッチを手助けできるということだ。

だが、自分自身に期待をかけるのもたいへん重要である。そこで次に、あなた自身の考え方がどのようにポジティブな予言を喚起し、より大きな成果に結びつくかを考えてみよう。

自分で自分に期待する

一八六七年のクリスマスの二日前、サラ・ブリードラブ・ウォーカーは、ルイジアナ州のプランテーションで、奴隷だった両親のもとに生まれた。そして七歳で孤児になり、一四歳で結婚し、一八歳で子育てをし、二〇歳で未亡人になった。彼女の人生は、控えめに言っても楽なものではなかった。洗濯婦をしてわが子を養ったが、一日の稼ぎはよくて一・五ドル。とはいえ、抑圧的な社会で黒人女性がこのように苦労し、未来への希望が持てないのは、ごくふつうのことだった。

ウォーカーは、黒人女性にチャンスが与えられない世の中から抜け出したかったが、経済的・社会的不利益に苦しむ他の多くの人たちと同じように、周りからの期待の低さをどうすることもできなかった。彼女はこう振り返っている。「貧しい洗濯婦である私が、暮らしをよくできるなんて考えられませんでした」

それればかりか、日々のストレス、粗末な食事、屋内トイレがないことによる不衛生がたたって、頭皮の疾患にかかり、髪の毛がごっそり抜けてしまった。彼女のような境遇にいる女性には珍しくないとはいえ、公然と行なわれる人種差別と、与えられるものがほとんどない社会で、毛髪まで失うのは大きな苦痛だった。

そんなウォーカーにとっては、その尊厳の回復（肉体的にも精神的にも）が、自分自身や同じ障害に直面する多くの人たちを変える手段になった。

まず一・二五ドルの元手で、彼女はヘアケア事業を立ち上げた。そして頭の薄くなった女性が髪の毛を取り戻すための製品を販売し、マダム・C・J・ウォーカーとして知られるようになった。ウォーカーは事業を軌道に乗せるために身を粉にして働き、南部の各地をまわって製品を売り込んだ。ただ、いくらビジネスが安定しても、黒人であるがゆえに受ける差別を変えることはできなかった。ホテルは立入禁止だったので地元の黒人指導者の家に宿泊した。けれどもそれを逆手にとって、製品の支持者や見込み客のネットワークを広げていった。

ウォーカーは、美容製品を使って顧客の見た目や将来の見通しを変えた。だが、何よりも大きな変化を及ぼした相手は従業員だった。彼女は販売員を訓練し、売上に応じて気前よく報酬を提供した。そして、「あなたたちもみずからを高め、自分で思った以上の人間になることができるのよ」と教え込んだ。

当時、白人の未熟練労働者は週に約一一ドル稼いでいたが、ウォーカーの黒人女性販売員（一〇〇〇人以上）は、過酷な工場労働も骨の折れる家事労働もなしで、一日に五〜一五ドルを稼いだ。経済的に自立した彼女たちは子どもを学校にやり、家を買い、慈善事業に寄付した。そしてそのすべてが、これからの世代はもっとよくなるという期待を高める一助となった。

ウォーカー自身もアメリカの黒人女性初の百万長者となり、（現在の価値で）およそ八〇〇万ドルの財産を残した。政治や慈善活動にも積極的に参加した。チャンスを生み出す彼女の並外れた能力を評して、ハーバード大学の歴史学者ヘンリー・ルイス・ゲーツはこう述べている。「他のどんな実業家よりも、ウォーカーはアフリカ系アメリカ人の経済的ポテンシャルの大きさを明らかにした。抑圧された可能性ではあるにしても」

抑圧的な社会通念や法律の制約を受けながらも、ウォーカーはなぜ自分の期待を高めることができたのか？　どうやら彼女は、チャンスや機会に対する考え方が、他の人とかなり違っていたらしい。

多くの人はチャンスを見つけようとする。時間をかけて探したり、向こうからやって来るのを待ったり……。運であれ実力であれ、そこにあるチャンス（新しい製品、働き方、正しい人材）を見つけられたらありがたい、と。

これに対してマダム・C・J・ウォーカーは、みずからの期待を変えることでチャンスを生み出そうとした。他人に何を言われようともくじけず、「私は自分の人生やチャンスを切り開くことができる」という信念を貫いたのだ。

ウォーカー自身も認めるように、問題は「立ち上がってチャンスをつくらなければならない」ときに「座ったままチャンスがくるのを待つ」人が多いことだ。とはいえ、他人からほとんど期待されないときに、自信ややる気を持って立ち上がるのは難しい。経営史を専門とするハーバード大学のナンシー・ケーンは、次のように言う。「ウォーカーのビジネスモデルや生き生きとしたビジョンは、みずからが直面した制約のたまものです。その不屈の精神は、社会的地位が低く、資本を見つけるのに苦労した経験から生まれた。だからこそ彼女は、女性が活躍できる分野があまりないなかでも、ひとつの道を見いだしたのです」


ウォーカーほど深刻ではないにせよ、私たちも難局には直面する。そのとき、それをチャンス（機会）と思うか、ピンチ（脅威）と思うか。これが重要な意味を持つ。

プロジェクトの失敗、厳しい競争、個人的な挫折などの難局を「ピンチ」と捉えると、経営学者のバリー・ストー、ランス・サンデランズ、ジェーン・ダットンが「脅威硬直」と呼ぶ状態に陥ってしまう。そうなるとリソースを型どおりにしか利用できず、創造性が狭まり、問題解決が阻まれる。ホテルから締め出されたとき、もしそれを脅威と認識していたら、ウォーカーは出張に出かけず、自尊心の低い人間で終わっていただろう。また、無学で貧しいアフリカ系アメリカ人の女性に経営などできないと思い込み、自己期待の低さを悪化させていただろう。

また、難局を脅威と捉えた人は事前の予測に縛られ、状況が変わるかもしれないとは考えられなくなる。最適なはずのリソース、入念に練った計画、完璧な情報がないと何が起きるかわからない、そう思うとたいていは行動を起こせない。リソースを動員して事態を変えなければならない、まさにそのときに、リソースの見方を狭めてしまうのだ。

対照的に、同じ難局を機会と捉えたときはどうなるか。ウォーカーは肉体的な疾患と経済的な困窮をチャンスと考え、それをきっかけにもっと明るい新たな未来を思い描いた。貧窮した女性を熱心な販売員に変身させ、ホテルから宿泊拒否されたのを利用して地域社会との関わりを築いた。自分の運命をもっとコントロールできると感じた彼女は、手持ちのリソースで大きな成果をあげたのだ。

一二〇〇万ドルのオファーを断った男

アレックス・ターンブルは、人生で最も重要な電話をかけるために受話器を取り上げた。だがすぐに元へ戻し、また取り上げ、ふたたび受話器を置いた。こうした「儀式」を数度繰り返したあと、今度は表へ散歩に出た。ようやく気持ちが落ち着くと、また戻って再チャレンジした。そして今度こそ、人生を決めるかもしれない番号にダイアルした。でも、呼び出し音が数度鳴ったあと、つながったのは留守番電話だった。

一時間後、折り返しの電話がかかってきた。彼はついに自分の決心をきっぱり伝えた。

「お申し出は本当にありがたいのですが、いまはそのときではないと思います」。これで、一二〇〇万ドルがふいになった。

じつは、ある大手ソフトウェア企業が、二〇一一年にターンブルが創業した顧客サービスソフトウェア会社、グルーブを売却しないかと持ちかけていたのだ。当時の売上は月七万ドル程度、一〇〇万ドルを超す高額なオファーを断ったのはこれが初めてではないが、一二〇〇万ドルは破格だった。もし取引が成立すれば、グルーブは製品の改良を続け、最も有能なエンジニアを雇い、売上を一〇億ドル規模に伸ばすのに必要なインフラを築くための膨大なリソースを手に入れていただろう。

だが、オファーを受けたときターンブルは自問した。それは、当たり前なのにあまり問われることのない疑問、「人生に何を期待するか」だった。大きな期待を抱くのも大切だが、目的（サイモン・シネックの言う「なぜ」）がちゃんとなければ意味がない、と思ったからだ。

その結果、自分の人生の目標を達成するには、莫大な売却益も売上高一〇億ドルの会社も必要ないという結論に達した。それらはむしろ、本来やりたいことをめざすうえで邪魔にさえなる。ぼくがやりたいのは、長きにわたって利益を出しつづける会社をつくること、そして仕事以外では地元ロードアイランド州の海でサーフィンを楽しみ、家族との時間を大切にすることだ……。ターンブルはグルーブという会社を、「自分や社員の次なる大きな一歩への足がかり」と考えるのではなく、「有意義で満足のいく仕事が永続的にできる場所」だと考えたのだ。

じつは、彼は過去に同じような経験をし、小切手を受け取るのがいかに危険かを知っていた。それはグループを立ち上げる前、オンラインで事業提携支援サービスを提供するバンタムライブという会社を共同設立したときのことだ。約三五〇万ドルのベンチャー資金を受け入れたとたん、出資者は会社を速く成長させ、コンスタント・コンタクトという上場会社に売却することを要求した。ターンブルはこの経験から、大口の投資家は創業者の期待とは比較にならないほど大きな期待を抱くことを学んだ。

もちろん、ターンブルのこの決定が簡単だったわけではない。実際、出資を断ったことで、深刻なリソース不足が生じた。とくに人材。グーグルのような超大手はステータスが高く、給料もいいので社員を集めやすいが、十分な資金がないと質の高いエンジニアを雇うのは難しい。

このときターンブルは、自分の期待と社員の期待が一致するよう努めることで、難局を乗り切った。自立性の高さ、活力ある文化、柔軟な勤務形態などをアピールしながら、よい顧客を探すのと同じ方法でスタッフを採用したのだ。コスト重視の客はロイヤルティが低く、すぐに安いところへなびく。それと同じように、報酬重視の社員を採用したら、ちょっとでも条件がいい会社にすぐ移ってしまうだろう。

結果的に、出資を断って以降、ターンブルの会社は順調に成長し、月次売上はおよそ四・五倍になった。だがそれ以上に重要なのは、人生が豊かになったことだ。子どもとできた彼は、家族と仕事をともに愛した。「利益にうるさい人がいないし、目標数字を達成できなかったときに投資家に釈明する必要もない。だから、仕事や生活を楽しむ時間をたっぷりとることができます」とターンブルは語った。「ほかの創業者連中は、多額のベンチャー資金を受け入れて、うちなんかよりはるかに速く成長しているかもしれませんが、これは彼らには味わえない贅沢です」

人は「低い期待」にも応えてしまう

自分が大切にする期待に沿って生きれば、必ずよい結果が得られる。逆に言えば、こちらの目標とまったく異なる他人の期待は落とし穴だ。そしてもうひとつ、人は他人に最悪のことを期待（予想）する傾向がある。これも落とし穴だ。あなたが誰かに最悪の予想をすると、たいていは最悪の結果になる。

ヨハネス・ドゥンス・スコトゥスは、一三世紀を代表する思想家として知られる。そのバックグラウンドとなる研究分野は、哲学、言語学、神学、形而上学など幅広い。鋭い頭脳を持ち、思想のわずかな違いに敏感だった彼は、しかし一方で、円錐形の帽子をかぶれば学習を促進できるとも考えた。知識が帽子の頂上から入ってかぶっている人に送り込まれるというのだ。ドゥンス・スコトゥスの信奉者たちはみな、魔法使いと同じような形の帽子をかぶっていた。彼らは「ダンス」と呼ばれるようになった。

そして一六世紀に入ると、その複雑さから、ドゥンス・スコトゥスの思想が攻撃されるようになった。彼の教えに異論を唱える人たちは、重箱の隅をつつくようだとか、思想が入り組みすぎているなどと言って弟子たちを非難し、「ダンス」を「馬鹿」の同義語にしてしまった。

こうして、ビクトリア朝時代に、「馬鹿」の言い換えである「ダンス」という語と、ヨハネス・ドゥンス・スコトゥスが知識を授かる秘訣と考えた円錐形の帽子とが組み合わさって、「ダンスキャップ」が生まれた。最悪の発明だった。この先が尖った帽子はヨーロッパ、さらには北米にも広まっていった。

人々はダンスキャップを素行の悪い生徒の頭に載せ、みんなへの見せしめにした。彼らは、たとえそれが外的な要因でも（その子は他の生徒にからかわれていた、教育を重んじない親に育てられた、あるいは貧困のせいで食事をとれなかった）おかまいなしだった。生徒を罰する、つまりダンスキャップをかぶらせれば、彼または彼女はもっと品行方正になろうとするはずだ、と考えたのだ。

これと同じ発想の罰則をいまだに採用している学校がある。イングランド・ノッティンガムのフォレストフィールズ小学校では最近、八歳のアブドラ・アルアミーンが、黄色い蛍光色のジャケットを着るよう先生たちに命じられた。自分をいじめた（と彼は言う）生徒たちに葉っぱを投げつけたのが原因だ。校長のスー・ホイランドは、この指導を擁護して次のように言った。「子どもたちの行動が標準を下まわったとき、われわれはこれを是が非でも変えたいと思います。そのために、正しい決定をした子には報いてやるのです。ジャケットを着ていれば、誰に報いるべきかが先生にわかります」

子どもに屈辱を与えるというおぞましい問題はさておき、ダンスキャップの問題の根は、お利口ハンス（一五六〜一五八ページ参照）や、ローゼンタールとジェイコブソンのハイポテンシャルな生徒（一六一〜一六三ページ参照）と同じところにある。ただしダンスキャップは、これらポジティブな予言とは反対の方向に作用する。人は他人からの低い期待にも沿うように行動する。だから、ダンスキャップをかぶせれば、生徒はもっと悪い行ないをするようになるのだ。

先の尖った大きな帽子ほど目立たないにしても、私たちは誰かに最悪の期待をするとき、比喩的な意味のダンスキャップをその人にかぶせている。期待が低くなるのはなぜかといえば、「失敗するのは、コントロールすべきものをコントロールしなかったせいだ（つまり不可抗力ではない）」と考える傾向が私たちにあるからだ。

見知らぬ人が床で転んだら、ドジだなと思う。仕事に遅刻した新入社員は無責任だ。知り合いが失業したら、その人の能力や職業倫理に疑問を呈する。自分が同じような結果になったときには、床が濡れていた、異例の大渋滞に遭った、全員が解雇されたなど、細かな状況が逐一わかっているが、このような情報がない他人の場合は、否定的な想定をしてしまうのである。

ところがおかしなことに、これが失敗ではなく成功となると話は違ってくる。人は、他人の成果は「その人がコントロールできない要素が原因だ」と考える。就職で誰かに負けたら、「あっちにはコネがあったにちがいない」。同僚が自分にはできなかった顧客獲得に成功したら、「あいつは運がよかった」。そのくせ、就職したり、顧客を獲得したりしたのが自分なら、それは頭がよかったから、腕がよかったからだとなる。

私たちは自分には甘いが、他人には辛《から》い。こうした都合のよい考え方は、自我を守るのには役立つかもしれないが、他人に対する期待を犠牲にする。

===

ネガティブな期待が目標を台なしにする場面はほかにもある。それは組織変革だ。仕事につきものの重要な事象だが、われわれはそれがからきし苦手である。コンサルティング会社マッキンゼーの最近の調査によると、組織変革のほぼ七割が失敗するという。なぜ、それほど頻繁にしくじるのか？　ここには「期待」が大いに関係している。

ジョージ・ワシントン大学のエリック・デントとスーザン・ゴールドバーグは、あるとき人気の経営教科書を分析してみた。するとほとんどの教科書に、「社員は変化に抵抗する」とあった。これは世界中で共通の認識になっている、とデントとゴールドバーグは言う。しかし、この認識のせいで、経営陣は新しい取り組みが抵抗に遭うことを一様に期待(予想)してしまう。そして、そのせいでみずから抵抗をつくり出し、これに対応する羽目になっている。抵抗を予想していると、彼らは何か反論があったとき(まっとうな反論を含む)、それを自分のアイデアに対する容赦ない反発だと思い込む。その結果、有用な提言を採り入れるチャンスを逃し、「抵抗者」を不当に制裁してしまう。もっともなことを表明しようとする社員がいても、事実上、口をふさがれる。すると社員はやる気を失い、会社の変化をもはやサポートしようと思わない。結局、経営者がそもそも避けたかった抵抗者そのものになってしまう。

また、抵抗を期待(予想)する経営者は、対策を練る。妨害する輩から変革を隠しておきたい、秘密にしておきたい……。そして、いよいよ変革が明るみになると、何も知らされていなかった社員が抵抗する。予想どおり抵抗を受けることになるわけだ。

現実には、社員のほとんどは中立である。積極的に支持はしないが、抵抗することもない。しかし経営者が抵抗を期待すると、中立的な態度はすぐ抵抗に変わる。日常の仕事や私生活の他の分野でも同じだ。手抜きの仕事、信頼できないチーム、政略を企む同僚、怠惰な子どもなど、ネガティブな期待をすると、たいてい事態はそのとおりになる。

あなたは、会う前から相手を無能と決めつけたり、スタート前からプロジェクトを絶望的だと言ったりしていないだろうか。もしそうなら、他人の頭にダンスキャップを載せる代わりに、マダム・C・J・ウォーカーのやり方に倣って、彼らの頭を見場よくしてあげよう。そのほうが断然いい。

前述したように、人はふつう自分自身に対してはポジティブな期待を抱く。しかし、ときにはみずからの頭にダンスキャップをかぶせることもある。自分自身に対する悪意ある批評家になった人は、自分に期待が持てなくなり、頭のなかでネガティブなメッセージを再生する。「そんなこともできないのか」「駄目だなあ」「しょせん本当のリーダーにはなれない」……

かつて私はある調査で、ケイティ・デセルス、ジェーン・ダットンとともに、環境活動に熱心に取り組む人たちをインタビューしたことがある。彼らはみな、企業が環境にやさしい製品をつくることを提言し、自然資源にもっと責任を持つよう人々に説いていた。だがもうひとつ、彼らには共通点があった。それは自己批判である。

インタビューした人のほとんどは、環境を変えるのに自分は十分な行動をしていないと思っていた。自分たちの取り組みは、他の人に比べてつねに不足していると思っていた。ハイブリッドカーに乗っていても、なぜ公共交通機関を利用しないのかと考える。公共交通機関を利用していても、なぜ歩かないのかと考える。

あるインタビュー相手は、自分の食事が環境に与える影響を分析し、移動するときはいつもカーボンオフセット（温室効果ガス削減に貢献する商品・サービス）を購入していた。見事な活動だと思うのだが、本人はまったく満足していなかった。いわく、「いろいろな事実を考えると、私の行動はまだまだ適切とはかぎりません。……肉を食べるし、ワインやビールも飲みます。……できるだけパタゴニアの製品を買いますが、ノース・フェイスのものを買うこともあります*」

われわれの研究によると、この自虐的思考を直すには「ポジティブな種子」をまく必要がある。環境保護論者が持っているリソース（知識、経験、価値観）をよく検討すればわかるのだが、もし彼らが自分に対する期待の低さから身を守れば、その大義をもっと推進することができる。だが、ポジティブな期待の種をまかなければ、どれだけ熱意や善意が

＊パタゴニアとノース・フェイスはいずれ引けをとらぬアウトドアブランドだが、パタゴニアは環境にやさしいとの評判が高い。二〇〇一年、同社は顧客に対して、自社の新製品の購入を減らし、そのぶん中古品を買うよう呼びかけた。

あっても目標は達成できない。

あなたはどんな種をまいているか？

「ポジティブな期待」は、成功や幸福の種である。この期待をまくと、果実を収穫し、パフォーマンスを改善し、関係を強化し、豊かな機会を生み出し、大きな目標に向かっていける。反対に、ネガティブな期待という種をまくと、せいぜい雑草しか生えない。

だから、自分や他者に対する期待をコントロールすることはとても重要だ。馬に数学ができるのなら、私たちもそろそろ、自分や他者からどんなことをもっと期待できるのか、じっくり問うてもいいころだろう。

7 ミックスせよ!

思わぬ取り合わせの威力

一九七二年、チェ一家は幼い息子ロイを連れて韓国のソウルから米国へ渡り、ロサンゼルスに居を構えた。成果を重んじる伝統的な韓国の家庭に育ったロイは、医者か弁護士をめざせと両親に言われて育ったが、ステータス一辺倒のやり方に反発、一〇代で薬物に手を出し、何度か家出もした。

ロイ・チェの本当の夢は、料理人になることだった。願いがかなうよう後押ししてほしい、彼はそう両親に熱く訴えた。何年ものあいだ、そんな夢は捨ててしまえと両親は言いつづけたが、ついに折れ、どうせなら名門の料理学校に行くよう進言した。

そこで、ニューヨーク州北部の美しい町、ハイドパークにあるカリナリー・インスティテュート・オブ・アメリカに入学する。有望な料理人を育てる世界トップクラスの料理学校だ。ここでロイ・チェは、持ち前の反逆精神を存分に発揮した。実験的な料理を考案しては、古典的なレシピを完璧にこなすことに熱心な仲間たちを戸惑わせたという。

卒業後は、東海岸と西海岸の高級ホテルに勤務し、最終的に誰もがうらやむビバリーヒルズ・ヒルトンのシェフになった。この時代には、バラク・オバマなどの要人や著名人の料理をつくる機会にも恵まれた。だが、彼のキャリアや人生を大きく変えたのは、フードディレクター、マーク・マンゲーラとの出会いだった。

ある晩、バーを何軒かはしごしたあと、マンゲーラはシャンパンを飲みながらタコスを食べるという珍しい取り合わせを楽しんでいた。そのとき、義理の妹アリス・シンに向かって言う。「メキシカンタコスに韓国ビーフを使ったらどうだろう?」。翌日、マンゲーラはチェに、ハイブリッド料理に挑戦してみないかと持ちかけた。

標準的な牛ひき肉を韓国焼き肉の肉に置き換えたところ、このタコスはたちまちヒットした。チェのロサンゼルスの顧客には韓国料理を食べたことのない人が多かったが、誰もがこの新しいメニューに夢中になった。

新タコスを売るため、三人はレストランを出す代わりにトラックを借り、「コギ韓国バーベキュー」の看板を掲げて街をまわった。トラックを使って食べ物を売るのは、もちろん彼らが初めてではない。一八六六年、テキサスの牧場主チャールズ・グッドナイトは軍用馬車を改造し、台所用品や食料を積んだトラックに仕立てると、北部や東部の市場に牛を連れて行く男たちを相手に、肉、豆、コーヒー、雑貨を販売した。一九三〇年代には、オスカー・マイヤー社のウィンナーモービルが、ホットドッグ型の長い車に商品を積んで全米の各都市を訪れた。そしていまでは、タコストラックが建設現場の労働者に高カロリー低価格の食べ物を提供するのが当たり前の光景になっている。ただし、質の低さと不潔さから「ローチコーチ」(「ゴキブリトラック」くらいの意味)と呼ばれたりもする。

コギがそれ以前のフードトラックと違ったのは、高級レストランで出されるような質の高い食べ物が提供されるという、ふつうでは考えにくい組み合わせだった。チェらはローチコーチのイメージを、ザガットガイドから高評価を得られるグルメレストランへと格上げした。

移動可能だから、次なるトレンドを探し求める都会のヒップスターや、カフェよりもおいしくてクールなものを求める大学生など、幅広い客層にその味を届けることもできた。また、低コスト構造のビジネスなので、レストランばりのメニューを庶民的な価格で提供することもできた。たとえば、看板メニューの韓国ビーフタコス(二一種の素材からつくる自家製ソースをトッピング)はわずか二ドルである。

営業初年度の二〇〇八年、コギの売上は約二〇〇万ドルに達した。二時間待ちの行列ができる盛況ぶりだった。その後、トラック三台、レストラン二店舗へと事業規模は拡大し、ロサンゼルス、さらには全米の新しいダイニングスタイルの先駆けとなった。以後、元コックからIT企業を解雇された者まで、さまざまな経歴を持つ何千という人々が、チェの成功に触発され、あるいは彼の新しい事業を取り上げたテレビ番組などに影響されて、「フードトラック」ビジネスに挑戦しはじめた。

ロイ・チェは、独自の方法で素材をブレンドした。優れた料理人の証である。しかし私が本章で取り上げようとするのは、むしろキッチン以外の場所で意外なものを組み合わせる彼の能力である。それこそが、ストレッチの新たな側面だからだ。「全体は部分の総和に勝る」というアリストテレスの至言に倣って、思いもよらぬ組み合わせからリソースの価値を拡大できることを紹介したい。

ライバルと握手すると何が起こるか?

伝統的なレストランよりはるかに少ないリソースで、革新的かつ安価な料理を創り出すことができる——それを実証したロイ・チェは、まさにストレッチのよいお手本である。私はこの業界についてもっと知りたくなり、二〇一三年にヒューストンで調査を開始した。チェが与えたインパクトの大きさは、すぐにわかった。市内にはすでに一〇〇を超すフードトラックがあった。私はできるだけたくさんのトラックを訪れて、その商品を味わい(結果、七キロ近くも太ってしまった!)、オーナーや運営者に話を聞いた。私のような食いしん坊にはぴったりのプロジェクトであり、そこからは食べた料理以上にうれしい収穫を得た。

私が会ったフードトラックのオーナーは、これまで調査してきた他の起業家たちの多くと同じく、限られたリソースで夢にチャレンジし、一日一八時間もいとわぬハードワークをこなしていた。また、他のストレッチャーたちと同様、少ないリソースで多くの成果を生み出していた。レストランの厨房に比べてはるかに少ない調理器具を、内部の温度がゆうに五〇度を超す狭いトラックに詰め込んで――。

だが、大半の起業家にはない異例の要素があることもわかった。フードトラック事業者は「競争」と「友情」を組み合わせていたのだ。

競争について尋ねたら、たいていの人はGEのCEOだったジャック・ウェルチと同じような答えをするだろう。アメリカの最も偉大な経営者のひとりとされるウェルチは、起業家に「ライバルは買収するか、葬り去るかだ」とアドバイスした。チェイシングの観点から見ると、この助言は非常に納得がいく。リソースは乏しく、競争相手は自分たちが必要とするもの（顧客、プロモーション、ステータス、予算）を奪っていくかもしれない。心理学の研究がウェルチの言い分を裏づける――リソースが乏しいと思えば、人はそれをよそから奪おうとする。

だがストレッチャーにとっては、ライバルを粉砕せよというアドバイスは浅はかなうえに、馬鹿げている。リソースは十分になくても融通が利く。それどころか、リソースをめぐって争えば、それをもっと生み出す可能性がついえてしまう。

心理学者のピーター・カーネベルとタヒーラ・プロブストが、興味深い実験をしている。彼らは被験者に他社との交渉を命じた。そして、第一グループの被験者には、交渉相手をライバル会社であると想定させ、できるだけたくさん利益を確保するよう指示した。一方、第二グループの被験者には、相手先と協力し、トータルでできるだけたくさん利益をあげるよう指示した。

そのうえで、交渉開始前にそれぞれの被験者に、マッチや画鋲がたくさん入った段ボール箱と、小さなロウソクを渡し、ロウソクがちゃんと燃えて、なおかつテーブルに蠟《ろう》が滴《したた》り落ちないよう、それを間仕切りの壁に留めてほしいと依頼した。すると、交渉相手をライバルとみなす被験者たちは、パートナーと協力する被験者に比べて、リソースフルな解決策（箱から画鋲を取り出し、ひとつの画鋲で箱を壁に留め、それをロウソク台に使う）を見いだす率が低かった。競争はストレッチの能力を損なうことが見てとれたのだ。

競争は必ずしも不可避ではない。しかし、それを理解するためには、競争と友情が平和

的に共存できることを知らなければならない。

ウィリアム・オルティーズは、ヒューストンでメキシカンタコスのトラックを運営している。意欲的な料理人で、何度も実験を繰り返して、自分なりの韓国バーベキュータコスをつくり出した。伝統的なタコスの幅を広げるメニューで客を喜ばせることに、彼は大きな誇りを感じていた。

レシピが完成したころのこと。その日オルティーズは、この特別メニューが広く受け入れられることを願いながら、何時間もかけて牛肉をマリネした。駐車スペースに車を停めるまでは、すべてが順調に思えた。

ふと見ると、近くに別のトラックが停まっていた。そこで、いつものように、そのライバルのトラックのところへ行って挨拶をした。大問題が発覚したのは、話題が今日どんなものを出すのかに移ったときだった。彼はそのときのことを話してくれた。

「もうひとつのトラックも韓国風だということを知らなかったんだ。……彼のことは知っていたよ。友だちのようなもんさ。でも、まさか彼も同じメニューだとは思わなかった。で、肉はすべてマリネしてしまっていたけど、こう言ったのさ。『おたくが来てるから、うちの韓国タコスは売らないよ』。そう、協力したんだ。足を引っ張り合おうとは思わない。……ぼくらはコミュニティなんだ。……だから、売らないよと伝えたのさ」

長い時間をかけてつくったメニューを取り下げたと聞いて、私は驚いた。だが、彼らフードトラック事業者が互いに助け合おうとする様子を、その後、何度も見聞きした。モッツァレラチーズを切らしたピザ屋のために買い出しに行く（しかも代金を受け取らない）、故障したトラックを修理するなど、彼らは互いにライバルというより親友のように接していた。ほかにも、どうすれば利益がもう少し増えるかを教え合い、たまの休みの日には互いのフードトラックを手伝い、宣伝し合ったりした。ちょっとした空き時間に酒を酌み交わしたのは言うまでもない。

こうした友好的なふるまいによって、競争がなくなったわけではない。最大規模の顧客の獲得、有利な駐車スペースの確保、最もおいしいメニューの開発など、彼らはビジネスのあらゆる面でしのぎを削っていた。しかし、ともすればけんか腰になりがちな関係に友情が加わることで、みんながもっとハッピーになれた。

それにしても、この「競争と友情」という意外な組み合わせは、どのように築かれたのだろう？　食べるのにすら苦労している起業家たちが、同じ顧客を取り合い、駐車スペースやソーシャルメディアでの口コミなど、限られたリソースをめぐって競い合っている相手と、なぜ友だちになれるのだろう？

一九五四年、著名な心理学者ゴードン・オールポートは、「馬が合わない者同士でも、社会的な接触を通じて互いの信頼を築くことができる」と述べた。彼が人種対立の原因となる偏見について調べたところ、その結論は嘘のように単純だった。四つの条件が満たされれば、バックグラウンドの異なる人たちでもいっしょに過ごせるというのだ。その四つとは、「対等な地位にある」「共通の目標がある」「協力できる」「法律や慣習に従う」だった。

これをオールポートの「接触仮説」というが、さらにその後の研究では、この四つさえ必須ではないことが示された。接触仮説に関する五一五の研究を分析したところ、潜在的なライバルといっしょに過ごすだけで、好意が高まることがわかったからだ。なぜ、嫌いな人と接触するだけで人間関係がよくなるのか？ その答えにあなたは驚くかもしれない。じつは、気にさわる曲を何度も聞かされるうちに好きになる、それと同じ理由なのだ。

オールポートの研究から間もなく、心理学者のロバート・ザイアンスは、新しいものに接するとき、最初は怖くても、時間とともにプラスの反応になるという考え方に興味を持った。そして、先人の音楽研究について調べた結果、最初は不快だった曲も、繰り返し聴くうちに好きになるという事実を知った。この現象はきわめてシンプルで、お金を払って聴かせるといった報酬もいらない。効能やメリットについて考える必要もない。

同じことは、音楽だけでなく人にも言える。すなわち、いっしょに過ごせば過ごすほど、相手を好きになる。「離れているほど思いは募る」「親しみは軽蔑を生む」といった言い方があるが、それとはまったく逆で、時間を共有すればするほど、リソースをめぐって争っているライバルをも、好きになる可能性が高まるのである。

ウィリアム・オルティーズを含め、私が調査したフードトラックのオーナーは「食べ物《フード》交換《スワップ》」という行為を儀式のように繰り返すことで、互いの距離を縮めていた。新しいライバルと近づきになるため、あるいはしばらく見なかった相手のご機嫌をうかがうために、互いのトラックをちょくちょく訪れては食べ物を交換するのだ。これには、物々交換を通じてさまざまな料理を食べられるという実際的な理由以上に、接触仮説が強化されるという思わぬメリットがあった。食べるという親密な行為を通じて、ライバルと物理的に緊密な関わりが持て、角が取れ、しばしば真の友情へと進化するのである。*

競争相手というのはたいてい、非常に重要な役割を担うが、社会的接触によってライバルとの友情を育むと、もっとがんばらねばという動機づけになったり、ウィリアム・オルティーズをはじめとするフードトラックオーナーのように、直接のサポートを提供してもらえたりする。

コロンビア大学教授のポール・イングラムとエモリー大学教授のピーター・ロバーツは、オーストラリア・シドニーの大手ホテルを対象に、ある調査を行なった（部屋数一万四〇〇〇）。まず支配人クラスの人たちにインタビューし、ライバルホテルの支配人との友好関係について質問する。その後、友人である支配人の数と、ホテルでの業績を比較する。

すると驚いたことに、友人関係にあるライバルひとりにつき約二六万八〇〇〇ドルも売上が増え、業界全体ではざっと一五％、九〇〇〇万ドルの増加につながっていた。同じ顧客をめぐって争うホテルの支配人同士の思わぬ友情が、互いの協力を喚起し、競争の苛烈さを和らげ、知識の共有を促し、結果として業績の向上をもたらしていたのだ。

各チームがリソースの確保をめぐって争い、そりが合わない――そんな組織はどこにでもある。しかし、同じ顧客をめぐって争うフードトラックやホテルが友情を築けるのなら、組織内でいがみ合うチームにだってそれができるはずだ。彼らを同じ部屋に入れてリソー

＊私の研究によれば、こうした競争と友情の共存は、ヒューストン以外の都市では必ずしも一般的ではない。他の市場からヒューストンに参入しようとする事業者は、この市場は恐ろしく競争が激しいと想定してやって来る。だが、ライバルから食事をともにしようと誘われ、ここでは競争と友情が共存できるのだとただちに悟る。もともとライバルと友情を温めるつもりなどなくて、最初はよそよそしい参入者もなかにはいる。だが結局、ライバルと友情を築くことの意義や有用性を認識し、同業者と交わるようになる。

ス（アイデア、ツール、さらには個人の持ち物）を交換できるようにするだけで、意外にも建設的で有意義な関係を結ぶのに大きく役立つだろう。

「ルーティン」と「創造性」の関係

人間関係が組織の心臓なら、日常業務《ルーティン》は組織の頭脳である。それは、仕事をなし遂げるための主なステップを体系化し、具体的な仕事のしかたを提示する。ルーティンは愛され、嫌われる。一生懸命考えなくてもよいから日々を楽に過ごせるが、犠牲もともなうからだ。一週間、何も考えず機械のように過ごしたいと思う人はほとんどいないだろう。

ルーティンと聞くと、「退屈」「没個性」「硬直的」などの言葉が思い浮かぶ。たしかにそうではあるが、研究者のあいだでは一般的に、ルーティンは日々を安定させ、予測可能で一貫した結果をもたらすものと考えられている。慎重に計画し、滞《とどこお》りなく実行すれば、誰が手がけても毎回同じような結果が出る。習慣やコンピュータプログラムのように、これといった思考、努力、個性がなくても自動的に進行する。

さらに、ルーティンにはもうひとつ、まったく別の解釈がある。

マーサ・フェルドマンとミシガン州立大学教授のブライアン・ペントランドは、ルーティンに関する考え方を変えることを使命に研究を続けてきた。そんな彼らがルーティンを表現する言葉は、「ダイナミック」「創造的」「個性的」などだ。頭を使わないどころか、ルーティンはその個性や創造性によって、人々が世界を変える大きなチャンスを提供するというのだ。ふたりは、このことを説明するため、ルーティンのふたつの側面を区別している。

第一に、ルーティンは抽象的な概念、すなわち頭のなかのイメージである。私たちはどんなルーティンを実行するときも、過去の経験をふまえて大まかにそれを理解している。たとえば私は、娘に登校の準備をさせるとき、二枚の小麦パンのあいだに七面鳥の肉を三枚はさんで弁当をつくり、彼女が好きなおやつを入れ、宿題をチェックするという一連の行動を「登校準備」ルーティンと呼ぶ。これによって、やるべき行動を理解・認識しやすくなる。妻のランディが準備するときも同じで、あまり考えずに何をすべきかがわかる。

だが、ルーティンにはあまり知られていない第二の側面がある。ルーティンといえども、具体的な人が具体的な時間に行なう具体的な行為である以上は、毎回少しずつ違いが出る（サンドイッチの七面鳥がたまたま二枚になるなど）。ときにはわざと「回り道」をすることもあるだろう（たとえば、娘の弁当箱に「よい一日になりますように」というメモを入れたり）。状況によっては、行動内容を変えざるをえないケースもある（食パンを切らしているからロールパンにするなど）。

そしてそうした違いが、偶然であれ意識的であれ、またどんなに小さなものであれ、大きな影響を及ぼすことがある。メモを入れておいたら娘の気分がよくなり、テストでよい成績をとるかもしれない。七面鳥が少ないと娘の腹が満たされず、テストの出来ががたがたになるかもしれない。娘がロールパンの新しいサンドイッチを気に入ったら、その後のルーティンの中身が変わる可能性だってある。

また、ルーティンは人の個性によって命を吹き込まれるから、行為者が違えば当然、その中身も変わってくる。食パンがなかったとき、ランディならどうするだろう。ひょっとしたら、サンドイッチそのものをやめて別のメニューを考えていたかもしれない。

ところで、娘がもし新しい弁当をまったく気に入らなかったら、それはごみ箱行きになっていたかもしれない。私たちは、そのごみを収集する作業も、とても単純なルーティンだと思っている。きまったルートに沿って、住人のごみ箱の中身をトラックに空け、ごみ処理場に捨てる――。だが、本当にそうなのだろうか。

研究者のスコット・ターナーとビオリナ・リンドバは、ごみの収集に実際どれだけの工程があるのかを調査した。

行政の衛生部門には、一貫したサービスを求める声が強く寄せられる。とくに収集時間を守れという要望は強い。早すぎると住人はごみを出しそびれるし、遅すぎると「うちのごみ収集を忘れている」という苦情の電話が何本も入る。

その一方、一見単純そうな仕事にも、思わぬトラブルがつきまとう。トラックの故障、道路工事中の迂回、天候や倒木による道路封鎖、担当者の欠勤……。だから、ごみ収集担当者にとって時間厳守はけっしてルーティンではない。ターナーとリンドバは、清掃作業員がつねにリソースフルに行動して、顧客の求める一貫したサービスを維持していることを知った。

多大なる裁量権や創造力を発揮しながら、彼らはルーティンに従うためならルーティンから逸脱することも辞さなかった。収集ルートを逆にすることもあれば（ルーティンの順序の調整）、同僚に手伝ってもらうこともあった（ルーティンの担い手の変更）。時間を守るため、自分たちでトラックを修理することさえあった（ルーティンの要素の追加）。

作業員は時間に正確で、住人は「ごみ収集の時間で時計を合わせる」こともあるほどだった。表向きは単純に見えても、よく調べるとたくさんの人がアイデアや労力をつぎ込んで問題を解決し、リソースフルに活動していたのである。

このように、ルーティンとクリエイティビティ（創造性）が結びつけば、一見味気ない仕事も大きく改善できる。だがルーティンは、個人が自身の一部（信念、経験、独自の見解）を仕事に持ち込む手段のひとつにすぎない。もうひとつの手段は、アイデンティティである。こちらはその人の本質を表すだけでなく、その人の行動の指針にもなる。私たちはふだん、自分のなかの異なるアイデンティティ（たとえば親としての自分と会社員としての自分）を切り離し、それぞれ別々の人生をおくりがちだが、もしそれらが組み合わされば、問題や機会、変化にもっと力強く対処できるのだ。

「修正液」誕生秘話

ベット・ネスミス・グラハムは、一九二〇年代初めにテキサス州ダラスで生まれた。離婚してシングルマザーとなってからは、息子を育てるために速記とタイピングを習い、テキサス・バンク&トラストの秘書として働きはじめた。本当は芸術家になりたかったが、一生懸命働き、同バンク会長の上級秘書にまで上りつめた。

ちょうどそのころ、電気タイプライターが事務作業に革命を起こしはじめていた。おかげでタイピングが速く容易になったが、ひとつだけ深刻な欠点があった。スピードが増したぶん融通が利かなくなり、ミスの頻度も増したのだ。ちょっとしたミスでもページ全体が使えなくなり、そのたびに最初から打ち直さなければならなかった。グラハムは、そのうちへまをやらかして仕事を失うのではないかと心配した。

そんなある日、銀行の窓のところでペンキ職人が働いているのが見えた。観察していると、ときどき塗り間違いをするのだが、上から塗り直して簡単に修正している。ピンときた。この瞬間、秘書と芸術家というふたつのアイデンティティが組み合わさり、「紙の上のミスを隠すために塗料を使う」というアイデアを思いついたのである。これがうまくいけば、多くの時間と経費が節約できる。他の秘書たちも仕事が楽になるに違いない。

グラハムはまず、自分のボスが使う文書で試すことにした。水性・速乾性の白い永久塗料をミスした箇所に塗り、その上に正しい文字をタイプする。修正はうまくいった。彼女はそれを自分だけの秘密にし、ボスにも黙っていた。ボスは、タイプミスがあったことにまったく気づかなかった。

この「秘書兼芸術家」はさらに実験を重ねて、その後ついに、二〇世紀に最も売れたオフィス用品のひとつを完成させた。彼女の会社リキッド・ペーパーは、タイピストにとって救いの神となり、小さなミスのせいでごみ箱行きとなるはずの文書をミスのない完璧な仕事に変身させた。*

ベット・ネスミス・グラハムのこの快挙は、仕事上でアイデンティティを組み合わせたときの威力をまざまざと教えてくれる。

＊彼女の息子マイケル・ネスミスは、ザ・モンキーズというバンドのメンバーで、テレビ番組『ザ・モンキーズ・ショー』の出演者として有名になった。

私は調査でインタビューするほとんどの人に、自身の身元を明らかにするシンプルな問いに答えてもらう。「私は〇〇である」という文の〇〇の部分を五つ埋めてもらうのだ。

性別、年齢、人種、宗教などの社会的特徴を書く人もいれば、知性や思いやりなどの性質を書く人もいる。あるいは秘書、芸術家などの役割を記入する人もいる。じつは、私たちのアイデンティティはこれらのすべてを含んでおり、自分がさまざまな特徴や特性、役割の融合体であることを理解できれば、みずからの多才さを自覚し、問題も解決しやすくなる。

実際、ほとんどの人はたくさんのアイデンティティを持っている（私の場合は、男性、夫、親、研究者、教師、スカッシュの選手）。だが、一度にそのすべてにアクセスするのは難しい。たいていは周囲の状況に合うものだけを活性化させている。

たとえば、私が教えるＭＢＡクラスにはエンジニアが多いが、彼らは経営的なアイデンティティをなかなか受け入れられない。そのため、技術的な問題にも純粋にエンジニアリングの視点だけからアプローチすることが多い。部門横断的なチームのメンバーも、各自の専門分野——マーケティング、金融、会計、オペレーション、研究開発——のアイデンティティにこだわり、共通の組織的アイデンティティを見逃すことが少なくない。同様に、企業の社員は自部門の殻に閉じこもり、もっと大きな全体像を考えられない。

だがグラハムは、オフィスでペンキ職人たちを観察することで、芸術的なアイデンティティを開花させた。アイデンティティを上手に融合させる術を見つけられれば、問題を新たな角度から見ることができる。とりわけ、職業的なアイデンティティと親としてのアイデンティティという、多くの人にとって重要なふたつのアイデンティティを組み合わせたときはそうだ。

「親であることは、起業家のあいだであまり論じられません。なぜなら、そのふたつは共存できないと思われているからです」と、技術系起業家でタペストリー・ネットの創業者であるアンドリュー・ダウリングは言う。たしかに、私たちは仕事とプライベートを分ける必要があると考えがちだし、組織もそれを奨励することが多い。

この切り分けには理由がある。研究者は長いあいだ、複数のアイデンティティは人々を精神的に疲弊させると考えてきた。ふたつの違う人生のあいだで引き裂かれる、と。そもそも、複数のことをうまくこなすのは難しい。だからたとえば、よい親になればなるほど職業人としては失格で、その逆もまたしかりだった。

だが、ダウリングは違う。親になるには時間がかかるが、それは仕事にもよい影響を与えると指摘する。我慢強さを覚えたり、混沌状態に対処したり、ものの見方を修得したりできるというのだ。

彼の指摘は研究でも裏づけられている。クリエイティブ・リーダーシップ・センターのある実験で、中間管理職～経営幹部クラスの女性六一人がインタビューを受けた。仕事以外での役割が仕事にどう役立っているか？　そう訊かれて彼女たちは、対人能力の改善をまず挙げた。それ以外にも、心理的リソース、とりわけ自尊心や自信が高まり、それが仕事にも活かされたと答えた。

さらに厳格な評価をするため、研究者たちはやはり中間管理職～経営幹部クラスの女性二七六人に対してフォローアップ調査を実施した。複数の役割（職業、結婚、親、コミュニティ、友情に関連）を測定するための二一項目から成る評価指標を用いて、各人のアイデンティティの融合度合いを把握し、その後、生活満足度と管理能力を測定したのだ。その結果、役割が多様であればあるほど生活満足度も管理能力も高いことがわかった。

もちろん、逆に仕事で身につける職業スキルも家庭生活の助けになる。妻のランディと私は結婚後一年ほどして、企業活動向けのツールを家庭に持ち込み、互いの「勤務評定」をした。プライベートな生活について話し合ううえでも、これはじつに参考になり、いろいろな気づきがあった。心理学者のジェームズ・コルドバらは、最近の研究で二一五組の夫婦を調査し、その一部に「結婚生活診断」(各パートナーの強み・弱みを評価する一種の勤務評定)をしてもらった。すると「勤務評定」を実施した夫婦は、対照群に比べて、その後二年間、相互満足度、親密度、受容度がアップした。

アイデンティティの切り分け、さらに言えばリソースの分断を克服するうえで大事なのは、「人は異なるリソースを二者択一だと思いたがる」と自覚することである。私たちは、競争関係と友好関係、ルーティンワークと創造的な仕事、仕事上のアイデンティティと個人的なアイデンティティなど、あちらを立てればこちらが立たないと考えがちだ。

しかしストレッチャーはそうはしない。彼らは一見関連づけられそうにないものを関連づけ、異なるリソースを統合する方法を見いだしていく。

「二者択一」を「両方選択」に

南アフリカのピーターマリッツバーグとダーバンのあいだに横たわる壮大なる渓谷、サウザンド・ヒルズ・バレー。その自然美ゆえに、黒人住民たちの窮状は見えにくいが、かつてアパルトヘイトに翻弄《ほんろう》されたこの貧しい地域には、少し前まで水道や電気などの基礎インフラが一切なかった。

一九九八年、私はこの地の農家で一夜を過ごしたことがある。小屋の床は家畜の糞を固めてつくられていた。床に就く前、燻製用の部屋でビールを飲みながら、私はその家の人と当地の目覚ましい変化について語り合った。日中に訪ねた近くのマエカ・ハイスクールでは、新しくできたコンピュータ室を見学させてもらった。この手の施設としては南アフリカで初めて、太陽光で電気がまかなわれていた。コンピュータ室ができて一年半後には、生徒たちのテスト合格率が三〇％から七〇％に上昇したという。

私の南アフリカを訪問は、複数年にわたる研究プロジェクトの一環だった。このときは、ワシントンDCを拠点とするソーラー・エレクトリック・ライト・ファンドという組織が、環境破壊を最小限に抑えながら途上国に電気を供給している様子を調査した。

二一世紀が近くなっても、途上国の多くの人々は電気を利用できず、医療用の冷凍設備から子どもが夜に勉強するための照明まで、あらゆるものが不足していた。同ファンドのリーダー、ネビル・ウィリアムズは、五〇以上の途上国を訪れ、電気が人々の暮らしを劇的に改善することを痛感した。

だが彼は同時に、それが地球環境を脅かしつつあることも感じていた。電気なしで暮らしている人はふつう、何十年も先の環境への影響など考慮しない。かつての早期参入者たちは、たいてい有害な化石燃料を使って電気を提供していた。

もうひとつ、電気代をどうするかという問題もあった。技術改良に必要なコストは、ウィリアムズの組織が保有する資金ではとうていまかなえなかった。かといって住民が負担するとなれば、年収の半分もの金額になる。電気代については、そうした実務面に加えて、彼なりの哲学もあった。電気をただで供給するだけでは、人々に当事者意識がなくなってしまうだろう。村を電化する際には、住民が市場価格で設備を買うほうがいい。

問題は山積だ。だがこのときウィリアムズは、これらすべてを実現できると考えた。経済発展と環境保護、貧困と金銭負担、電化と地理的孤立はけっして矛盾しない、と考えたのだ。

当時の一般的な解決策は、政府や電力会社からお金をもらって、環境に有害な送電網を拡張することだったが、ウィリアムズは環境にやさしい別の方法をとった。太陽エネルギーを使って電力をつくり、その費用を負担するよう貧しい住民を説得したのである。そのために、地元の学校や裁判所でそのためのデモンストレーションを行ない、このテクノロジーの革新性を住民が体感できるようにした。

すると、相応の費用がかかるということもあって、住民の関心は否応なく高まった。また、地理的に孤立していたおかげで、環境に有害な他のエネルギーに比べてコストを抑えることができた。さらに、この方式による電化で教育の質が徐々に改善されると、地元発のビジネスなど、経済発展の種が新たに生まれはじめた。

矛盾すると思われるふたつの側面のどちらかを選ばなければならない——私たちはそう

感じる状況によく遭遇する。こんなとき、研究によればふたつの対処法がある。ひとつは、双方を相反する力として捉える方法。親であることを重視すれば職業人としては成立しないし、途上国を電化すれば環境が損なわれる。つまり、両立しそうにないAとBをそれぞれ別々のカテゴリーに入れるのだ。すると、明確に定義されたグループに双方が整然と収まり、世界は簡略化される。ただし、当然どれだけ努力しても、AとBは水と油のように分離してしまう。同じカテゴリーに入るものは似ており、カテゴリーが違えば共存できないという理屈である。しかし実際には、ひとつのカテゴリーのなかにもバラエティないし多様性がある。親または職業人になる方法がたくさんあるように。

もうひとつは、相反する概念を混ぜ合わせる方法だ。こちらのほうが優れている。ネビル・ウィリアムズに言わせれば、経済発展と環境持続可能性は共存できる。実際、このふたつをミックスした結果、もっと価値あるものが生み出された。それは、収入増によって環境にやさしいテクノロジーを買うことができ、お金を出すために一生懸命働いたおかげでさらに関心が高まるというビジネスモデルである。

デラウェア大学教授のウェンディ・スミスは、いわゆるトレードオフ（二者択一）と見なされるものについて長年研究してきた。そして、同僚とともに、ものごとを分離しようとする傾向から脱却するための三つのステップを発見した。

第一に、トレードオフの相反する要求を受け入れる。むろんトレードオフの両側面が矛盾するケースもあるが、相反する要求に目をつぶっていたら失望は避けられない。

第二に、トレードオフのそれぞれが持つ価値を認識する。そのためには各々の独立した価値を受け入れる必要がある。親であることは人生にどう寄与するか？ それは仕事について考えるためのリソースともなるか？ 献身的な従業員であることは家庭生活にどう寄与するか？ たとえばチームワークが学べるのか？

第三に、双方のシナジーを見いだす。トレードオフの一方（親であること）が他方（献身的な従業員であること）をどうサポートするか（その逆も）を問うのだ。つい、双方は対立すると捉えたくなるが、スミス教授は「どうすれば一方が他方の目標達成に貢献できるか」を考えることを奨励している。

私たちは往々にして、相反すると思われる概念、アイデア、戦略などのリソースを切り捨ててしまう。組織も同様に、自分たちの掲げる数多くの目標は共存・調整が不可能だと思い込んでいる。マーケティング部門は売れる製品を重視し、エンジニアリング部門は最新のテクノロジーに魅了される。労働組合は公正な賃金を要求するが、経営者は利益増をめざす。

しかし、もしも自分のなかの異なるアイデンティティがうまく調和する方法を見つけられれば、自分自身を丸ごと受け入れることができ、より充実した人生を過ごせるようになるのだ。

「グッドイヤーとゴム」の教訓

この世界が抱える大きな問題を解決するには、他人が見過ごし、ありえないと考えてきた意外な組み合わせを見いだすことが欠かせない。とはいえ、言うは易《やさ》し、行なうは難《かた》し。トレードオフの克服には――そしてリソースの正しい取り合わせを知るには――時間がかかる。アメリカで最大級の影響力を持つ投資家もそのことを学んだ。

一八三〇年代、ゴムという新しい素材がアメリカを席巻した。この耐水性素材は、ブラジルの木の樹液からつくられる。最初は消しゴムとして使われていたが、やがて防水用の素材として威力を発揮するようになる。すると有望な投資対象となり、多くの米国民がわれもわれもとゴムに財産をつぎ込んだ。

チャールズ・グッドイヤーは、コネチカット州ニューヘイブンの破産した金物屋の息子だった。父親と同じく金まわりが悪く、一八三四年には借金を返済しなかったために投獄された。債務不履行による投獄はこれが初めてではなく、これが最後でもなかった。

その彼が、ゴム人気にあやかろうとした。まずは妻に頼んで天然ゴムとのし棒を持ってこさせ、この粘着質の素材について調べはじめた。以後、一生涯ゴムに魅了されつづけることになる。

グッドイヤーが熱中したのは、ゴムをもっと使いやすくするために混ぜる化学物質を見つけることだった。監獄から出ると、酸化マグネシウムを加えてゴム靴をつくった。これで家族を貧困から救い、ゴムの商業的可能性を実証できるのではないか——。だが夏がくると、当時の「ゴム王」たちを悩ませた欠点が、グッドイヤーの夢を打ち砕いた。ゴムは温度にきわめて敏感だった。夏になると溶けてねばねばになり、いやな臭いを発する。冬は冬で柔軟性がなくなる。

それでもめげることなく、今度はニューヨークへ移り、実験用の新しい家を探した。ゴムを安定させるために混ぜる物質はもうじき見つかる、と彼は信じていた。

ある朝のこと、手元に十分な量のゴムがなかったので、古いサンプルを実験に再利用した。そのサンプルで装飾用に塗っていた青銅色の塗料を落とそうと硝酸につけたら、ゴムは黒くなり、結果、ごみ箱行きとなった。

数日後、この黒いゴムをもう一度見てみようと思い、ごみ箱をあさると、それは粘性がなくなり、乾いていた。これまでにいろいろな物質をゴムに混ぜてきたが、そのどれよりも使いやすい状態だった。この発見に喜んだニューヨークの資本家が、生産力増強のために数千ドルを投じてくれた。

しかし、幸運もつかの間、一八三七年に深刻な金融危機が発生する。銀行システムは麻痺し、他の会社同様、グッドイヤーのゴム事業も立ち行かなくなった。信用はがた落ちし、実験を金銭的に支えてくれていた人たちも手を引いた。貧困に逆戻りした彼は、閉鎖したゴム工場に寝泊まりし、近くの港で釣りをして食料を調達した。

そうこうするうちに、グッドイヤーのゴム事業を有望視する支援者がふたたび現れた。商業的成功のきっかけとなったのは、硝酸を混ぜたゴムを使って一五〇の郵袋（郵便物を入れて輸送するための袋）をつくるという契約だった。同じ製造法で救命具も数千セット販売した。今度こそノウハウを身につけたと確信した彼は、長期出張のあいだ、ゴム製の郵袋を暖かい部屋に保存した。ところが帰ってくると郵袋は腐食し、持ち手が外れていた。お先は真っ暗だった。

またも逆境に陥ったグッドイヤーは、それでも実験を続けた。家族はもうさんざん振りまわされていた。相次ぐ失敗、引っ越し、貧しい暮らし。もはやどこにもお金がなかった。これ以上ない幸運な偶然が訪れるまでは――。

一八三九年の冬、グッドイヤーは家族の何人かとキッチンにいた。いつものように、実験――いずれゴムの謎を解くであろうはずの実験――の近況を解説していたのだが、このときの彼は抑えが利かないほど興奮していた。あまりに説明に熱が入り、手を忙しく動かした勢いで、一片のゴムが熱いストーブに触れた。すると驚いたことに、そのゴムは溶ける代わりに、熱で焦げて革状の物質になった。

偶然の発見に勇気を得た彼は、このゴムを玄関ドアの外側に釘で打ちつけ、夜通し寒風にさらしておいた。翌朝、ゴムは前の晩のように柔軟性を回復していた。とうとう商業的に実現可能な製品を発見した瞬間だった。*

グッドイヤーは何年もかけて、ゴムを安定した使いやすい物質に変えるための正しい混合法を探そうとした。ほんの偶然がブレークスルーにつながったのは事実だが、最終的に正しい製法を見いだし、そのことにちゃんと気づけたのは、何年も試行錯誤を続けていたからだ。それが自動車から医療まであらゆる分野に革命を起こし、巨大な産業を築く礎となったのだ。

粘り強く継続すればするほど、正しい組み合わせにたどり着く可能性は高くなる。アダム・グラントは『ORIGINALS』(三笠書房)という著書のなかで、最も優れたアイデアは最もたくさんのアイデアから生まれるとしている。

*有能な発明家だったグッドイヤーも、実業家としてはからっきしで、不利な契約や特許申請の遅れなどで儲けそこなった。彼にちなんで命名された世界最大のゴム関連企業、グッドイヤー・タイヤ・アンド・ラバーとは直接の関係はない。「人生はお金だけで評価するべきではない。私が種をまき、別の者が果実を収穫したと不平を言うつもりはない。本当に悲しむべきは、種をまいたのに誰も収穫しないときだ」と彼は書いている。

水と油を混ぜる技

水と油が混じらないことはみんな知っている。両方を同じ容器に入れると、油は油、水は水で集まり、別々の層を形成する。

私たちのリソースの扱い方もこれに似ている。各々のリソースを相互作用によって活用しようとしても、なかなかうまくいかない。ボトルを激しく振ると水と油は一時的に混ざる。だが、すぐに分離してしまう。これと同じように、リソースを永続的かつ強力に混ぜ合わせるためには、一時的に振っただけでは駄目で、リソースに対する考え方や接し方そのものを変えなければならない。そう、ストレッチャーのように。

ストレッチャーは、それぞれのリソースを別物とは捉えない。水と油に乳化剤を加えると融合して長く混じり合うように、リソースを融合させる触媒となる経験や状況を探し、それによって重複やつながりを生み出している。

他人と競争しがちなときに友情を追い求め、没個性でおもしろみがないと思いがちのルーティンに個性を持ち込むうえでも、「思わぬ組み合わせ」は大きな助けになる。ロイ・チェが食品業界に革命を起こし、ベット・ネスミス・グラハムが事務用品市場を変革し、ネビル・ウィリアムズが途上国を電化し、チャールズ・グッドイヤーが現代の最も重要な発明のひとつを完成させることができたのも、そのおかげである。

あなたも、他の人たちが気づかない、あるいはあきらめている組み合わせに着目してほしい。そうすれば、優れたミックスアップをなし遂げられるに違いない。

8 見当違いは「ケガ」の元

間違ったストレッチにご用心

ここまでいろいろな分野のストレッチャーに出会い、彼らが身近なリソースを使って、仕事やそれ以外のシーンでいかに大きな成果をあげてきたかを学んだ。ディック・イングリングのビール会社は、自分たちよりリソースに恵まれた大手のライバルがもがき苦しむなかでも成長を続けた。ボブ・キアリンは質素倹約を旨に、会社を世界的な成功に導いた。門外漢のギャビン・ポッターはネットフリックス賞において、ライバル以下のリソースでも競争力を発揮し、他のチームのパフォーマンスを向上させた。

ロバート・ロドリゲスのように台本なしで前へ進む事例を見せられると、私たちも手持ちのリソースでアクションを起こさなければという気持ちになる。「あるべき」リソースを待っていてはきりがない。すぐに動き出すことで、いまあるものを認識、活用する術を磨こう。お利口ハンスは、ポジティブな期待が有効であることを示してくれた。料理人ロイ・チェの意外な組み合わせ（キッチンの中でも外でも）は、全体が部分の総和に勝る理由を実証してくれた。

彼らは大いに成功を収め、満足を得、組織にも繁栄をもたらした。だが、ものごとの常として、行き過ぎはかえって悪い結果を生む。そこで本章では、「オーバーストレッチ」（過剰なストレッチ）による「ケガ」を避ける方法を解説しておきたい。主なケガは次の五つである。「単なるケチになる」「行き場を失ってさまよう」「学習せずに飛び出す」「期待の高さで苦しめる」「的外れな組み合わせをする」。以下、ひとつずつ説明しよう。

ケガ① 単なるケチになる

手入れの行き届いたレトロモダンな住宅が立ち並ぶ、ロサンゼルスの高級住宅街ラデラハイツ。そのなかに、屋根板のはがれかけた漆喰の平屋がある。雨漏りを防ぐために屋根にあてられた青と黒の防水シートは、近隣住民にとって目障りだ。時おり、バスローブを羽織ったぼさぼさ髪のオーナーが、そのシートをいじっているのを見かける。屋根の下の家もかびだらけで、彼は自分がそのせいで健康上の問題を抱えていることをあっさり認めている。妻はこんなひどい家には住めないと、町の向こう側に居を構える。

このぼろ家の主は、エドワード・ウェドブッシュ。自身の名を冠した証券投資会社（全世界に一〇〇以上のオフィスを展開）を経営する大金持ちである。ただし、その経営手法は華やかなライバル各社とは大きく異なる。本社の彼の部屋には、豪華な家具や芸術作品の類がひとつもない。「作業部屋」とみずから名づけた質素なスペースにあるのは、シンプルなデスクと裸電球。カーペットは擦り切れ、穴がいくつも空いていたため、女性社員がハイヒールを引っかけてはつまずいた。何年も苦情が続いたあと、ようやくダクトテープで穴がふさがれたという逸話がある。

大恐慌の時代に育ったウェドブッシュは、お金を賢く使うことを信念として、一九五五年にパートナーと一万ドルの資金を元手に会社を興した。百万長者になってからもその信念は変えず、運転するのは質素な車、高級な食事はとらずに軽めのもので済ませた。会社も過剰な借金を避け、分相応な出費は慎んだ。

その類まれな実績にもかかわらず、ウェドブッシュはときにオーバーストレッチに傾いた。経費管理にうるさすぎるせいで規制当局とトラブルになり、多くの社員の不興を買った。債券トレーダーをはじめとする社員への給与不払いについて、仲裁委員会は「道徳的に非難されるべき」行為だとし、三五〇〇万ドルの支払いを命じた。

規制当局も、同社のずさんな管理体制に対して何度も罰金を科し、二〇一二年にはウェドブッシュを三一日間、会社の経営から外すという異例の措置まで講じた。また、金融取引業規制機構（ＦＩＮＲＡ）は、解雇した社員や不利な仲裁裁定について説明不十分として、彼に出頭を命じた。不正や意図的な詐欺行為の証拠は見つからなかったものの、同社はコンプライアンスやリスク管理に十分な資源を投じておらず、その点についてあまりにも無頓着だとされた。

アリストテレスが述べているように、いかなる美徳も度が過ぎれば悪徳になりかねない。一方の極にあるのは、アリストテレスが言うところの低俗さ、すなわち、ひけらかしを目的とした、正当な範囲を超える過度な出費。これはチェイサーによく見られる。そしてもう一方の極は、安くあげることばかりを重視し、富をもっと高い目的に使うのではなく、ひたすら蓄えようとする態度。オーバーストレッチで単なるケチになるのは、こちらの悪徳である。

ウェドブッシュは、リソースをけちることで会社を脅かす羽目になった。コンプライアンスへの投資の不足や社員の不適切な処遇が、会社の評判や人材といったリソースの価値を低下させた。軌道修正の方法があったにもかかわらず、彼は何もしないまま事態を悪化させた。

エドワード・ウェドブッシュは倹約家だったのか、それともただのケチだったのか？

倹約とケチは大きく異なる。倹約家は節約に喜びを感じ、ケチな人は出費に痛みを感じる。ミシガン大学教授のスコット・リックらの研究チームは、米国およびカナダの主要紙の読者、フィラデルフィアのテレビ視聴者、ピッツバーグのふたつの大学の学生、保護者、職員から成る一万三〇〇〇以上の人を対象に、お金を使うことに対する反応の違いを調査した。その結果、研究者が「浪費家」と呼ぶ人々は、いまお金を使ってしまうと、あとあとお金が使えなくなるということを認識せずに出費していることがわかった。彼らはモノを買うことの結果や影響に気づいていなかった。このタイプの人は消費への欲望を抑えられず、チェイサーになりやすい。

他方「ケチな人」は、いま何かを買ったら将来何かをあきらめなければならない、と考えていた。だから財布のひもが固い。平均すると、調査対象者のおよそ二五％がケチで、一五％が浪費家だった。*

倹約家の考え方は、ケチな人とは決定的に違う。リック教授らが九六六人の人たちに、お金を使うのが心地よくないと思う程度を尋ねたところ、ケチな人はお金を使うのに精神的苦痛を感じたが、倹約家はその種の苦痛を感じなかった。

教授らはさらに三一六人に、節約が楽しいと思う程度を尋ねたが、より楽しいと感じていたのはケチな人ではなく、倹約家のほうだった。

ストレッチャーも、お金を使うのが苦痛ではない。むしろ賢い出費、そしてリソースの最大限の活用に喜びを感じる。だから彼らは基本的にケチではなく、倹約家である。大学生、住宅所有者、食料品店の顧客、台湾の労働者、環境保護庁の職員に対する一連の研究から、ストレッチャーは倹約そのものに満足を覚えることがわかっている。彼らにとって倹約は、目的を達成するための手段とは違う。

かといって、彼らが出費をいやがるわけではない。ストレッチャーの場合は、ただ出費に十分な根拠を求めているのだ。ディック・イングリングやボブ・キアリンは、会社を成長させるために多額の投資をしたが、市場のチェイサーたちに典型的な「抑制なき支出」は回避した。成功を収め、最終的にたくさんのリソースを利用できたにもかかわらず、彼らは手持ちのリソースを最大限活用することを単純に楽しんでいた。

ケガ② 行き場を失ってさまよう

ケチになること以外にも、オーバーストレッチによる弊害はある。多様な経験を積むな

＊カナダの新聞読者では比率が少し違い、三六％がケチで、浪費家はわずか六％だった。

かで、人によっては行き場を失うことがあるのだ。

ロナルド・ウェインは、ネバダ州パーランプを「モハベ砂漠という故郷に三万五〇〇〇人が隠れ住む町」と呼ぶ。自称「ルネサンス・マン」の彼はこの地で、一五万ドルのつましい家に暮らし、珍しいコインや切手を売って年金の足しにしている。有能な電気機械エンジニアだから、特許をたくさん持っている。通貨の複雑さに四〇年以上とりつかれた末に金《きん》に投資し、研究から学んだことを政治やガバナンスに応用したこともある。これが自分の主たる仕事になることを願って、通貨がテーマの本まで書いた。

イラストレーター、機械工、モデリング技術者でもあるウェインは、町のカジノで夜遅くまでスロットマシンに興じるのが好きだ。スロットマシンには特別な愛着がある。最も誇りに思っている業績のひとつとして、スロットマシンを一からすべて設計し、組み立てたことを挙げるほどだ。電気理論や回線はもちろん、リールのシンボルも自分で描いた。

だが、それだけ幅広い知識があったにもかかわらず、スロットマシン製造ビジネスは失敗に終わり、一年間は借金の返済や出資者への弁済に追われた。法人格を盾に責任逃れすることを嫌い、失敗の責任をとったのは道徳的に立派だったが、個人的には大きな負担になった。

多方面に関心があり、多様な経験を積んでいるウェインは、豊富なスキルをもとに、いままでにない新しい方法で問題解決に臨むことができる。それが特許の取得にも間違いなく役立っている。しかし、彼を見ていると、ひとつの重要な疑問が生じる。経験の幅が広すぎるのは、よくないことなのではないか？

マサチューセッツ工科大学（ＭＩＴ）のエズラ・ザッカーマンは、映画界の研究を通じて、多様な経験のバランスはどうとるべきかを研究した。俳優のなかには、アクション、ドラマ、コメディなど、さまざまなジャンルの映画に出演するマルチな人材がいる。さまざまな経験を重ねるうちに、演技に味わいが増し、観客層が広がり、新しい役に挑戦したいという気持ちも湧く。レオナルド・ディカプリオ、ロバート・デ・ニーロ、アンジェリーナ・ジョリーらはそんな俳優たちだ。

その一方、特定のジャンルで勝負する俳優もいる。ラブコメディのジェニファー・アニストン、アクション映画のジャッキー・チェン、どたばた喜劇のウィル・フェレルなどが思い浮かぶ。

私たちも、キャリア形成において俳優と同じような選択をする。限られた仕事が得意なスペシャリストになるか、それとも広く浅い知識を持つジェネラリストになるか。企業などの組織も同様だ。ひとつの製品や狭い範囲のサービスに集中する会社もあれば、幅広い製品・サービスを提供する会社もある。

スペシャリスト、すなわちある分野の専門家になると、何ができて何ができないかという明確なメッセージが周囲に伝わりやすい。アーノルド・シュワルツェネッガーがラブコメディに出るのを想像してみてほしい。同じように、確定申告を医者に頼むのはためらわれるし、バッグメーカーに冷凍食品をつくってもらうのも遠慮したい。

とはいえ、ひとつのジャンルにとどまりつづけると、腕は上がるが型にはまるようになり、違う役や仕事をもらいにくい。特定の分野でスキルを磨き、確かな評判を得ることには大きなメリットがあるが、固定したイメージや役割から抜け出すことにもまた大きな意味がある。新しい課題に挑めば新しい能力を身につけることができ、うまくいけば報酬もアップする。ただし、注意深くやらないと大きなケガを負う。二兎を追うものは一兎をも得ずで、行き先もなくさまよってしまうのだ。

では、型にはまりすぎない、または触手を伸ばしすぎないためにはどうすればよいのだろう？　そのヒントになるのが、ザッカーマンによる一九九五〜九七年のすべての映画を扱ったインターネットデータベースの分析だ。

彼は、核《コア》となるアイデンティティをまず確立する必要があると言う。つまり、まずは特定分野でキャリアを築く、企業なら特徴となる製品やサービスを生み出すということだ。最初に信頼を築かないまま多様化・多角化を急げば、周りは混乱する。この人はどんなスキルを持っているのか？　何か得意分野があるのか？　これは何をする会社なのか？

多角化は、核となるアイデンティティを確立したあと初めて力を持つ。マシュー・マコノヒーという俳優は、ラブコメディで名声を確立したあと、『リンカーン弁護士』『ダラス・バイヤーズクラブ』などのヒット映画でシリアスな役を演じ、高い評価を得た（後者ではアカデミー主演男優賞を受賞）。一方、なじみの分野に長くいすぎると、型を破るのが難しくなる。アクションアドベンチャーで名を馳せたシルベスター・スタローンは、『ステイン・アライブ』『オーバー・ザ・トップ』などの作品で演技の幅を広げようとしたが、あまりうまくいかなかった。

あてどなくさまようのを避けるには、「コア」とは少しだけ違う分野を少しずつ移動する、というやり方もある。これを繰り返せば、いずれは多様な経験が積み上がり、それが役に立ってくる。

カリフォルニア大学バークレー校のミン・レオンは、クラウドソーシングの「イーランス」を調べることで、多様な経験を上手に得るコツを知ろうとした。イーランスは、さまざまなスキルを持ったフリーランスの人々と、臨時雇いの有能な人材を探す個人や企業とを結びつけるプラットフォームである。仕事を探すフリーランサーは、過去の実績、資格や技能、雇い主からの評価などを記したプロフィールを投稿し、雇い主の側は仕事内容や報酬に関する情報を提供する。

レオンが、二〇〇四年にイーランスに投稿された三万二九四九件の仕事をすべて分析したところ、フリーランサーの多様な経験はやはり仕事の獲得に役立つことがわかった。だが、ひとつだけ重要なポイントがあった。仕事の獲得に成功した人の多くは、同じような仕事のあいだで少しずつ移動していたのだ。直前の仕事とまったく違う仕事に応募しないよう、彼らは注意を払っていた。いずれは、さまざまな種類の仕事を引き受けることができるとしても、まずは一歩一歩着実に経験を積み重ねていたのである。

こうして少しずつ仕事が多様化していった人は、ひとつのカテゴリーにとどまりつづけた人や、あまりにも不規則に仕事を変えた人よりも、はるかにたくさんの仕事を請け負っていた。他の研究でも、少しずつ仕事の幅を広げたほうが創造性に優れ、昇進も早いことがわかっている。

多様な経験をめざすとき、場合によっては新しい仕事、さらには新しい土地に移らなければならないことがある。これには、幅広い経験を可能にするという大きなメリットがある。だが、頻繁すぎるとデメリットにもなる。

二〇一六年、妻のランディはまたとない仕事のオファーをふたつ受け取り、大きな決断に迫られた。チェイサーの視点からすれば、どちらも断ることなど考えられない。報酬は劇的に増えるし、チームの規模も三倍の一〇〇人以上になる。会社はいまより大手で、ステータスも高い。もちろんオフィスも大きい。しかし、彼女はどちらも辞退した。

魅力的な仕事ではあったものの、それは彼女が掲げる重要な条件を満たさなかったからだ。仕事を得るのと仕事から学ぶのと、どちらがわくわくするか？　獲得ではなく学習を重視するストレッチャーにとっては、難しい決断もじつは簡単だった。

ひとつ目のオファーでは、すでに経験がある同じようなチームのリーダーを務めることになる。新しい経験をするチャンスはほとんどなかった。一方、ふたつ目のオファーはまったく違う業界への転身なので、変わりすぎの感があった。その業界に関心がなかったことも決心を鈍らせた。

決断のもうひとつの理由は、私にも関係があった。どちらの仕事も全米を飛びまわらなければならない。おもしろそうではあるが、家庭は大混乱するだろう。

バージニア大学の心理学者、大石繁宏によれば、頻繁に引っ越しする人はそれまでの生活や人間関係を捨て去り、新しい経験を重んじる一方（それはそれで重要である）、すでに周りにあるもの、とくに人間関係を過小評価する。新しい同僚や友人ができるのはうれしいが、よき友人を失うのはつらい。

大石はある研究で、アメリカ人の成人七一〇八名を一〇年間調査した。年齢は二〇〜七五歳、男女はほぼ同数である。調査では、スタート時と一〇年後に、「いまの生活にどれくらい満足していますか」のような質問をして被験者の生活満足度を測定、さらに、「私にとって人生とは学習、変化、成長の継続的プロセスである」といった文に対する賛否の度合いを尋ねて精神的充足度を測定した。

また、各人の内向性（または外向性）の度合いと社会的関係（友情の質、家族関係、隣人関係）を評価し、最後に子どものころの引っ越し回数を尋ねた。

すると、内向的な人にとって引っ越しの頻度は、生活満足度や精神的充足度とマイナスの関係にあることがわかった（外向的な人の場合は、引っ越しと充足度のあいだに特段の関係は見られなかった）。さらに詳しく調べると、内向的な人は引っ越し先でプラスの社会的関係を築くのに苦労しており、それが満足度を下げていた。もっと抜き差しならない犠牲も強いていた。子ども時代にたくさん引っ越した内向的な人は、死亡リスクが高かったのだ。[*] わが家で唯一内向的な私は、この上なく心配になる。

この研究結果と呼応するように、いくつかの医学研究によると、転職すればするほど健康上の弊害（喫煙、アルコール摂取、運動不足など）が増える傾向がある。

となると、経験をどの程度多様化するかには注意が必要だ。度が過ぎると（とくに内向的な人の場合）弊害が出る。経験の幅を広げるには既存のリソース（とくに人間関係）を犠牲にしてでも大きな変化を経るしか方法はない、などと信じ込むのも危険である。多様な経験はもっと穏当なやり方でも身につけられる。重要なのは、新しい状況設定を探すことだ。

あちこちに関心の矛先を向けてきたロナルド・ウェインだが、一九七〇年代には、ちょっとした人生の種まきをした。それが実れば、年金暮らしとはかけ離れた、まったく別の人生が開けていた可能性もある。

コンピュータに詳しかった彼は、一時期ゲーム会社のアタリで主任製図工として働き、そこでスティーブ・ジョブズという野心的で才気あふれる天才と出会った。ジョブズはパートナーであるスティーブ・ウォズニアックとともにパーソナルコンピュータを産業として普及させることを夢見ていた。

だが、ふたりのスティーブの意見は衝突した。そこで、尊敬する二〇歳年上のウェインに仲裁を頼み、大人として自分たちのベンチャー事業を見守ってもらうことにした。一九

＊外交的な人は、引っ越しても死亡リスクに影響はなかった。

七六年四月一日、三人はアップルコンピュータ設立の契約書に署名する。ウェインはアップルのロゴをデザインし、会社の最初の製品、アップルⅠのマニュアルを作成した。つまり、ロナルド・ウェインは世界最大級の革新的優良企業の設立に一役買ったわけだ。

ところが、わずか一二日後に彼は会社を去る。資金のないこの会社がかつてのスロットマシン事業と同じ運命をたどることを心配したためだ。いずれリソースを使い果たし、注文に応じることができなくなるのではないか、と。また、数々のスキルと無数の関心の持ち主ゆえ、製品開発のすべてにかかわりたいという欲求も満たしたかった。「自分自身がやりたいことをやって楽しんだまでだ。そのときよいと思った方向に舵を切ってね」と、のちに説明している。

アップルを去るにあたっては、一〇％の持分を二三〇〇ドルで売却した。現在なら何十億ドルもの価値がある。「後手にまわってばかりの人生だった」と彼は振り返る。二〇一四年の末、アップルとの最後のつながりだった創業時の文書アーカイブも競売にかけ、二万五〇〇〇ドルで売却した。

あてどなくさまようことの危なさを、ロナルド・ウェインは身をもって学んだ。大成功を収める企業の設立に貢献したというのに、次なる冒険に身を委ねたせいで、その恩恵を受けることはほとんどなかった。

アップルは巨大ＩＴ企業になったが、ウェインは蚊帳《かや》の外だった。

ケガ③ 学習せずに飛び出す

二〇一一年、業績難に苦しむある有名小売企業が救世主を見つけた。息も絶え絶えの同社が雇った実績抜群のCEOの名は、ロン・ジョンソン。ロナルド・ウェインのアップルを小売大手に変身させた立役者である。一平方メートルあたり五六〇ドルという売上は、これに次ぐ宝石メーカー、ティファニーの倍以上だった。アップルに加わる前は、業績の振るわないディスカウントチェーンのターゲットを、スタイルと価値を併せ持つおしゃれな小売店に様変わりさせた。実績を見るかぎり、今回もうってつけの救世主になると思われた。救うべき相手は、大手百貨店のJCペニーである。

ジョンソンのCEO就任が発表されると、JCペニーの株価は、期待の高さから一日で一七・五%も上昇した。だが、ほんの一七カ月後、同社は破綻しかけていた。ジョンソンがCEOだった短いあいだに、企業価値は半減し、売上も約三〇%減少。損失は一〇億ドル近くに及んだ。いったい何があったのか?

CEO就任後まもなく、ロン・ジョンソンは大改革が必要だと判断し、さっそく仕事にとりかかった。停滞気味の会社を復活させるために急ぎ導入したのが、「公明正大な価格設定」と呼ばれる、まったく新しい販売アプローチである。言い換えれば、「毎日が低価格」。定価のつり上げ、絶え間ないセールやクーポンをなくし、現実的な価格設定をするという戦略だった。

ジョンソンは直感に頼って、この方法を即実行に移した。JCペニーは計画づくりにこだわりすぎていると考え、店舗の業績データなど、各種指標を分析するための会議も廃止した。アイデアを実験する必要はない、というのが彼の持論だった。こうした思いきったやり方は、これが初めてではない。アップルストアに、顧客にヘルプやサポートを提供する「ジーニアスバー」をつくったときも、データは期待外れだったにもかかわらず、自分の直感にこだわった。「おじけづいてはいけません。……一年半後のジーニアスバーに関するデータを見ていたら、店からそれをなくしていたはずです。でも私はジーニアスバーを全力で信じていました」

公明正大な価格設定に関するジョンソンの直感は、アップルのジーニアスバーに関する確信と同じだった。経営陣のなかには、この戦略に対する彼の盲信ぶりに疑問を呈する者も少数いた。彼らは戦略の撤回を望んだが、ジョンソンはとりあわなかった。「アップルではテストなどしなかった」と言うのが口癖だった。「アイデアはただ降りてくるのです。説明のしようがありません。すべて直感です。……この手のことは『何をしたらいいだろう』とわざわざ調査するのではなく、直感が勝負なのです」

実際に数字が出はじめると、その直感は誤りだったとわかったが、彼は顧客が悪いのだと言い張り、ジーニアスバーのときと同じように自説に固執した。顧客をもっと教育しなければならない。そうすれば新生JCペニーを好きになるはずだ——。残念ながら売上は下がりつづけ、顧客満足も低下した。それでも「お客様は店で感じる新生JCペニーを気に入ってくださっている」と言い、現実から目を背けつづけた。売上数字はまったく違う事実を物語っていたというのに。

ロン・ジョンソンのアイデアは、理屈の上では素晴らしかったし、それまでの彼の直感が正しかったのも間違いない。だが、彼はJCペニーの顧客について重大な誤解をしていた。彼らはお買い得品を自分で探し当てることに喜びを感じ、満足を得ていたのだ。公明正大な価格設定というのはわかりやすいが、あいにく、顧客はクーポンやディスカウントを最大限に活用し、自分がいかに買い物上手かをひけらかしたがった。ショッピングというゲームに勝つことが喜びだった。

ジョンソンをアップルからJCペニーに招いた投資家ビル・アックマンは、「大きな間違いのひとつは、十分なテストをせずに変革を急ぎすぎたことだろう」と認めている。ロン・ジョンソンとJCペニーは、新しくてエキサイティングな（はずの）方向へ飛び立ったが、飛び込んだ先は水のないプールだった。ジョンソンは過去の過ちから学ぶことができなかった（あるいは学ぼうとしなかった）。

ノーベル賞受賞者のダニエル・カーネマンと、直感の専門家ゲーリー・クラインは、ロン・ジョンソンがＪＣペニーでしたような本能的直感に頼ることのメリットとデメリットを調べ上げた。そして、直感を頼りに飛び込んで失敗しないために大事なのは「学習」であると結論づけた。行動から学べば、その先、効果的な修正を行なえる。残念ながら、ジョンソンは誤った賭けにこだわりつづけ、自分の選択がＪＣペニーにどれだけ打撃を与えているかを理解できなかった。彼は、チャンスがあれば一からやり直すかと訊かれ、「もちろんノーだ」と答えた。

ロバート・ロドリゲスも、直感を頼りに飛び込んだ（これまでにない思いきった手法で映画をつくった）が、ジョンソンとは違って絶えず学習した。安上がりな映画学校のつもりで『エル・マリアッチ』の製作に臨んだおかげで、ミスに学び、直感を修正することができた。思いきって飛び立ったのは同じでも、ロドリゲスは現実を見据え、学びつづけた。

戦略について研究するチェット・ミラーとデュエーン・アイルランドは、拙速に起因する弊害を最小限に抑えるため、「迅速なフィードバックと緩やかな学習」をベースにしたアプローチを勧めている。ＪＣペニーは迅速な行動を必要としていたが、同時にその行動から学ぶ必要もあった。こういうときはフィードバックをすぐに反映すること。そうすれば行動を素早く修正できる、とミラーとアイルランドは指摘する。JCペニーが直面したような複雑な状況をしっかり学ぶには時間がかかるが、行動を少しずつ調整すれば、そのたびに前進できる。

ミラーとアイルランドはまた、ジョンソンがJCペニーでやらなかった、もうひとつ重要な対策についても述べている。すなわち、「失敗したら取り返しのつかない結果を招くような行動は、回避せよ」。ジョンソンはアップルでジーニアスバーに賭けたが、仮にしくじっていたとしても、全社の事業に占める割合はごくわずかだった。ところがJCペニーでは、公明正大な価格設定を全社的に展開し、なおかつそれに執拗にこだわったため、未検証で実績のないアイデアに会社の命運を賭けるかたちになってしまった。

ケガ④期待の高さで苦しめる

賭ける対象はアイデアだけでなく、人の場合もある。人に賭けるとき、われわれはその人にシグナルを送っている。そのシグナルがうまくいけばポジティブな予言を引き起こす。だが、下手をするとその人を苦しめる。

一九九八年、カレッジフットボール史上最高のクォーターバックふたりが、ナショナル・フットボール・リーグ（ＮＦＬ）のドラフトにかけられた。多くのチームが彼らに目をつけていたのは言うまでもない。ひとり目は、全米大学体育協会（ＮＣＡＡ）所属、カンファレンスおよび大学の記録を四二個も塗り替え、カレッジフットボールのベストプレーヤーに贈られるハイズマン賞の投票で二位になった。もうひとりはチームを六七年ぶりにローズボウル進出に導き、ハイズマン賞では三位に入り、カレッジフットボールの最優秀パッサーに贈られるサミー・ボウ賞を受賞した。

ドラフトの全体一位指名権を持っていたのは、インディアナポリス・コルツだ。二位の指名権は、サンディエゴ・チャージャーズが持っていた。

予想どおり、売り出し中のふたりはドラフト一巡目で選ばれた。ひとりは全体一位でコルツへ、もうひとりは全体二位でチャージャーズへ入団する。当時、コルツとチャージャーズはともに苦戦を強いられていた（率直に言えば「苦戦」どころではなかった）。前シーズンの成績はコルツが三勝一三敗、チャージャーズもややマシとはいえ四勝一二敗。それが、新人の加入でどう変わったのか？

コルツが選んだペイトン・マニングは、その後、人々の大きな期待に応えてチームを一九七一年以来のスーパーボウル優勝に導いた。以降もスーパーボウルに三回進出、そのうち二度優勝した。彼自身、リーグのＭＶＰに五回選出され、リーグ史上最強のクォーターバックとなった。

では、チャージャーズが契約したもうひとりのクォーターバック、ワシントン州立大のスーパースター、ライアン・リーフは？

この若き天才を有望視したチャージャーズは、新人選手への契約金としては破格の一一二五万ドルをリーフに支払った。マニングと同様、リーフに対する期待は天井知らずだった。そのことは、彼を獲得するためにチャージャーズが払った数々の努力、マスコミの報道、そして契約期間の長さを見ればよくわかる。リーフは成功の障害になりそうなものなど鼻にも引っかけずこう言い放った。「ディフェンスについていろいろ騒がれてるけど、いったい何なんだ。やつらのやり口なんて全部わかってるし、大したことないさ」

デビュー戦の相手は、バッファロー・ビルズだった。チャージャーズは一六対一四で勝利。だが、リーフのパフォーマンスは精彩を欠いた。ホームの大観衆の前で、最初のスナップをファンブル、さらにパスを二度インターセプトされた（ほかにも二度インターセプトされたが、これはビルズのペナルティによって事なきを得た）。

結局、前途有望だったライアン・リーフは、ペイトン・マニングにはなれなかった。クォーターバックで先発出場して勝ったのはわずか四試合。タッチダウンパス一四回に対し、インターセプトされたのは三六回。四シーズンで二五試合しか出場しなかった。NFLに入るまで勝ってばかりだった彼は、いわば負ける準備ができていなかった。しかも、プロ入り直後から苦しんだせいで、負のスパイラルに陥った。「負けたことがなかったので、どう対処していいかわからなかった」とのちに回想している。

ライアン・リーフの挫折は、ペイトン・マニングの活躍と同じくらい注目に値する。両選手とも大きく期待されながら、対照的な結果を残した。ふたりの異なる人生の軌跡は、ポジティブな予言がいつ効果を発揮し、いつ発揮しないかを知る手がかりになる。

ペイトン・マニングは、周りから期待されても重圧を感じなかった。「ゲームプランを練り、何をすべきかわかっていれば、プレッシャーは感じない」というのが口癖だった。彼は努力すれば自己改善できると自覚し、心理学者のキャロル・ドウェックが言う「グロース（成長型）マインドセット」で試合に臨んだ。

これに対してライアン・リーフは、周りからの期待に応えようとして苦しみ、しかも出だしが期待外れだったことを痛いほどわかっていた。本人の言葉を借りれば、「ふたを開ければああいう結果で、地元の人たちの期待を裏切ってしまった……いつもそのことに不安を感じていた」。プレーで体がぼろぼろになり、負けたことの精神的痛手で心もずたずた――そして試合に戻れなくなった。

そのうえ、不安を和らげるために鎮痛薬に頼ってしまった。「人嫌いになって孤独だったのが、それを飲めば何もかも忘れられた。いろいろな批判もそう。なぜ偉大なクォーターバックになれなかったんだ、おまえは大学をがっかりさせ、チームや家族をがっかりさせたんだって。あれは、そういうものに対処するためだった」

ついに依存症になり、違法な鎮痛薬を米国へ持ち込もうとしたかどでカナダ国境近くで逮捕される。リーフは八つの罪状を認めた。薬物がらみで問題を起こすのはこれが初めてではなく、また残念ながら最後でもなかった。

薬物依存のせいで、カレッジフットボールのコーチとして出直すチャンスも逃した。「ぼくにはふたつ得意なことがあった。運動と嘘。他人が自分のことをどう思っているか、自分がどう思われているか、いつも気になってた。……それで、自分がこんな人間だという話をつくるために嘘をつき、どうにかうまくやっていた」

ライアン・リーフはつねに他人を喜ばせたいと思い、期待の高さに苦しみつづけた。

高い期待を寄せるのはいい。正しくやればポジティブな予言が喚起される。だが予防策を講じないと、いかに有望な人でもつまずきの元になる。ライアン・リーフはＮＦＬで成功するつもりだった。なぜなら、それが周囲の期待だったから。しかし、のっけから苦しんだことでみずからの期待や思いが萎《しぼ》み、あげくは他人の高い期待も不安の材料にしかならなかった。観客たちが期待を胸に試合を見にくるのを知っていたリーフは、彼らをがっかりさせないことばかり気にするようになった。

人は誰かに期待を抱くとき、その人に二種類の情報を与えている。ひとつはポジティブな予言だ。すると相手はそれに応えようと努力する。これだけ期待されているのだから結果を出せるはずだ、と。そしてもうひとつは、「パフォーマンスプレッシャー」だ。ライアン・リーフがそうだったように、こちらは他人の期待に応えられるだろうかという不安に支配されてしまう。

心理学者のロイ・バウマイスターらは、期待がいつポジティブな予言を生み、いつパフォーマンスプレッシャーにつながるかを実験で確かめた。誰かに高い期待を寄せても、相手がその期待を信じなければパフォーマンスプレッシャーの引き金になる、と研究チームは予測した。

実験では、大学生三〇人に「きみたちに受けてもらう性格検査と、難しい問題を解く能力のあいだには相関関係がある」と告げる。そして、結果の如何にかかわらず、すべての被験者に性格検査の結果は七五点だったと言う。そのうえで、対照群の被験者には七五点をどう解釈したらよいかという情報を与えないが、残りの被験者には「七五点ということは、難しい問題をうまく解けるはずだ」との期待を表明する。さらに、後者のうち半数の被験者には、その期待を証明するグラフを提供し（「信頼できる情報」群）、残りの半分には、過去の研究からはその期待が裏づけられないことを示すグラフを提供する（「信頼できない情報」群）。

その結果、「信頼できる情報」群の被験者も「信頼できない情報」群の被験者も、自分が期待されているとは考えたが、前者は後者よりも自分自身へのポジティブな期待が高まった。一方、「信頼できない情報」群の被験者は、パフォーマンスプレッシャーを感じただけだった。

各群の被験者の成績を見ると、「七五点」について何の情報も受け取らなかった対照群が解いた問題数の平均は五・二で、まあそこそこ。これに対して、「信頼できる情報」群は平均で七・一問も解き、「信頼できない情報」群は三・四問しか解けなかった。「信頼できない情報」群は、パフォーマンスプレッシャーをポジティブな期待に転換できず、重圧に押しつぶされたのだ。

＝

ところで、リーフの問題には、デビュー戦が地元サンディエゴだったことも影響していた。スポーツではホームチームが有利だと思われがちだが、ここに興味深いデータがある。バウマイスター教授は先とは別の研究で、野球のワールドシリーズを調べた。一九二四年から一九八二年までの結果を分析すると、第一戦と第二戦では予想どおりホームチームが六〇・二％の確率で勝っている。だがシリーズの最終戦になると、ホームチームの勝率は四〇・八％しかない。そして、勝ったほうが優勝という第七戦に限れば、ホームチームの勝率は三八・五％にすぎなかったのだ。

ホームチームがパフォーマンスプレッシャーに押しつぶされたのではなく、たんにビジターのほうが強かったのでは？　たしかにその可能性もある。アウェーの環境では、たとえばやじやブーイングのせいで、むしろ力を最大限に発揮できるのかもしれない。

ホームチームがパフォーマンスプレッシャーに弱いのか、それともビジターがアウェーに強いのかを知るヒントは、守備のエラー数に隠されている。原則として、ホームチームのエラー率は一定のはずである。彼らは球場の特質を知り尽くしているからだ。一方、ビジターは試合を重ねるにつれて、風、芝、形状など、球場に慣れてくるのでエラーが減るだろうが、七試合制のシリーズでは、たとえ学習したとしても、平均すれば、球場を知り尽くしたホームチームを上まわることはできないはずだ。

バウマイスターの分析によれば、ワールドシリーズの最初の二試合では、まさにそのとおりになっている。ホームチームのエラー数の平均は〇・六五なのに対し、ビジターは一・〇四。エラーなしの試合もホームチームは三三あったが、ビジターは一八だった。だが雌雄を決する第七試合になると、ホームの利はなくなり、むしろホーム不利の様相を呈していた。ホームチームのエラー数が一・三一と倍増したのに対し、ビジターのエラー数は〇・八一に減少。エラーなしの試合も、ビジターはホームチームの倍の一二を数えた。*

このように、ポジティブな予言のパワーを活用し、期待の高さに苦しむのを避けるには、その期待に不要なプレッシャーがともなわないようにすることが非常に重要なのである。ホームグラウンドでプレーするのは気持ちいいが、試合の重要度が増してくると、一挙手一投足に注目し、完璧を求める超熱狂的なファンよりも、適度に応援してくれるファンの前のほうがむしろ仕事はしやすい。

期待の高さに苦しまないようにする方法は、もうひとつある。それは、早めに「小さな勝利」を得ることだ。われわれは本能的に「大きな勝利」を願う。スーパーボウルに出たい、誰よりも完璧にプロジェクトをやり遂げたい、会社で最大の顧客と契約したい……。だがそうなると、最初の期待に確実に応える前から自分への期待が大きく膨らんでしまう。一方、小さな勝利（インターセプトされずに試合を終える、最初のプロジェクトを無事終了する、新規顧客を獲得するなど）は、他人からのポジティブな期待を内面化するのに役立ち、パフォーマンスプレッシャーを最低限に抑えてくれる。

＊バウマイスターはNBA（バスケットボールリーグ）のセミファイナルとファイナルのフリースローの成功率を分析して、やはり同じような傾向を発見している。フリースローの成功率は、ホームチームもビジターもほぼ同じだが、ファイナルゲームだけはビジターがホームチームを上まわっていた（ビジターの選手に対しては観衆が騒いで妨害する可能性が高いにもかかわらず）。

ライアン・リーフの場合、小さな敗北が続いて自分自身に対する高い期待が急速に萎み、それが問題の引き金になった。そして最後には、それらの小さな敗北が大きな挫折につながった。

ケガ⑤ 的外れな組み合わせをする

一九七四年、ベビーフードメーカーのガーバーは、自社の成長を大きく後押しする素晴らしいアイデアを思いついた。それは、すでに持っている資産（赤ちゃん向け瓶詰食品の調達・加工ノウハウなど）を新たなマーケティングと組み合わせて、まったく新しい顧客層に提供するというものだった。新製品の見た目と味は同社の既存製品に似ていたが、次なるターゲットは忙しい大学生や社会人である。「ガーバー・シングルズ」は鳴り物入りで発売され、ベビー用品売り場にあった同社の製品は、他の売場でも存在感を放つようになった。

ところが、この製品は発売後たったの三カ月で店頭から姿を消した。ひとり暮らしの学生や会社員に手軽で健康な食事を提供し、重要なニッチ市場を埋めるはずだったが、実際には、小さな瓶からどろどろの食べ物（味はクリームビーフ、ブルーベリーデライトなど）をスプーンですくって食べるのは歓迎されなかった。「ガーバー・シングルズ」という製品名もいけなかった。ある評論家は次のように皮肉った。「『ひとり暮らしの私は瓶から食事をとる』とでも名づけたほうがよかったのではないか」

ロバート・マクマスは、ニューヨーク州イサカに「新製品展示・学習センター」を開設した。彼いわく、「世界最大の失敗品の博物館」だ。ここにはガーバー・シングルズをはじめとする、製品の組み合わせの失敗例もたくさんある。「マーロックス・ホイップ」（エアゾールタイプのホイップ状制酸薬）、食べられるデオドラント、ペット用のフレーバーウォーター……。

ときには、よかれと思った組み合わせが、部分の総和に劣ることもある。ベビーフードと単身者向け食品はどちらもよい製品だが、両者を組み合わせたのはまずかった。

組み合わせを成功させるには、「新しさ」と「役立ち感」というふたつの要素のバランスをとる必要があり、これにしくじると機能しない。大人向けの食べ物をベビー用の瓶に詰めるという発想は新しかったが、潜在顧客にとって役立ち感はなかった。そればかりか、ネーミングにもパッケージにもうんざりした。目新しさがなければ、リソースを組み合わせても意味がないのは確かだが、役に立たなければ、そもそも何のために組み合わせるの

かわからない。

研究によれば、新しくて役に立つ組み合わせを考えつくには、ふたつの対照的な方法論が求められる。ひとつは内発的動機。これがあるとき、人はいままでにない発想をしやすい。新しい組み合わせを見つけるための学習や実験を楽しむことができるからだ。もうひとつはパフォーマンス。これを重視するとき、人は役に立つアイデアを思いつきやすい。他者の視点で考え、他者が受け入れそうな、あまり突飛でない発想をするからだ。

ある実験では、一八九人の被験者に大学の研究室に来てもらい、次のリソースを渡した。折り紙二枚、アイスキャンディの棒六本、ペロペロキャンディの棒一本、ペーパークリップ二つ、パイプクリーナー四本、カップ型の焼き型一個、プラスチックカップ小二個、洗濯バサミ小一個、スティック糊一本、セロハンテープ一ロール。そのうえで各人に、これらを使って新しく役に立つ装飾品をデザインするよう依頼した。制限時間は二〇分。

じつは、作業の開始に先立ち、被験者をランダムにいくつかのグループに分け、それに応じて異なる指示を与えていた。学習を重視するよう指示されたグループもあれば（「ミスは学習につきものだから気にしなくていい」）、パフォーマンスを重視するよう指示されたグループもある（「他の人よりもよいものをつくりなさい」）。別のグループには、学習とパフォーマンスの両方を重んじるよう指示を出した。また、そうした指示を受けない対照群も設けた。

そして、各被験者が製品デザインを終えたあと、以下の三点を測定した。第一に、リソースを組み合わせる際のユニークな視点がいくつあるか。これによってリソースをいかに柔軟に見ているかを評価する。第二に、どれくらい融通の利く対応ができたか。つまり、最初からひとつのソリューションにこだわりつづけたか、それとも途中で新しいアイデアを受け入れることにやぶさかでなかったか。最後に、それぞれの装飾品の新しさと役立ち度を第三者に評価してもらった。

その結果、学習を重視した人は組み合わせの柔軟性が高まり、新しい製品を生み出せることがわかった。他方、パフォーマンス目標を重視した人は最初のアイデアにこだわり、新しいアイデアが浮かんでも掘り下げようとしなかった。これは役立つ製品デザインにつながる傾向ではある。しかし、どちらのグループも新しくかつ役立つ製品をデザインすることはできなかった。

新しくて役立つ製品をデザインすることができたのは、学習とパフォーマンスの両方を重んじるよう指示された第三のグループだ。ただし、指示の仕方には注意が必要だった。じつは、同じ第三グループのなかでも、一部の被験者には「両方の目標をめざすよう」指示を出し、残りの被験者にはまず「学習を重視するよう」指示し、途中で「パフォーマンスを重視するよう」指示を出していた（またはその逆）。

すると、両方の目標について同時に指示を受けた被験者のほうが、新しくて役立つ製品をたくさん生み出していた。学習とパフォーマンスというそれぞれの目標を分けるのではなく、両者をずっといっしょに追求することが重要だということだ。

思いもよらぬ組み合わせは、革新的な製品につながるだけでなく、新たな人間関係や働き方をも促すことができる。だが、オーバーストレッチにならないよう（斬新すぎるリソースの組み合わせで役に立たないものをつくってしまわないよう）注意しなければならない。ときには、たとえ斬新さを発揮できるとしても、あえて我慢するのが正解なこともある。

9
ストレッチ強化トレーニング
今日から試せる12の方法

ここまで、ストレッチの基礎に関わる各種研究、ストレッチの効果を示す事例、ストレッチの適用限度などを見てきたが、いよいよ最終ステップに入る。あなたに、ストレッチ強化のためのトレーニング法を伝授しよう。

一九六〇年代、破傷風は大学生の健康を脅かす存在だった。これは細菌が傷などを通じて体内に入ることが原因の深刻な病気であり、筋肉収縮や呼吸困難を引き起こすこともある。錆びた釘を踏んだりしたときに感染し、最悪の場合は死にいたる。治療法はない。だが、簡単な予防法がある。ワクチンを打つことだ。

問題は、どうやって予防接種をさせるかである。たとえば、午後のひとときに、注射をしに学内の診療所を訪れたい学生などそうそういない。そこで、イェール大学の心理学者のグループは一計を案じた。学生を脅して診療所に来させようとしたのだ。

彼らはまず、被験者に集まってもらい、「これからある健康パンフレットを評価してもらう」と告げた。このとき、無作為に選んだ一部の学生には、恐ろしげな言葉で破傷風について説明したパンフレットを渡した。言葉だけでなく、病気にかかった人たちの生々しい写真も載っている。なかには読んでいるうちに気持ち悪くなって青ざめる被験者もいた。他の学生には恐ろしげな言葉や写真は使わず、破傷風にかかるといかに危険かという同じ基本的事実を伝えた。

次に被験者全員に、この病気から身を守る唯一の方法は予防接種であること、すぐそばの学内診療所でワクチン注射が無料で受けられることを知らせた。

当初のもくろみは成功したようだった。恐ろしい表現やむごたらしい写真を見た被験者は、そうでない被験者よりも怖がっていたし、怒りや緊張、不安などのレベルも高かった。こうした感情が高まれば行動を起こしやすいはずだ。

被験者をいかに有効に怖がらせることができたかは、次のふたつの質問によって評価した。「破傷風の予防注射を受けるのがどれくらい重要だと思いますか?」「破傷風の予防注射を受けるつもりがありますか?」

すると、怖がり方が大きかったグループの被験者は、他の被験者よりも注射を受けるのは重要だと考えた。また、注射を受けるつもりだという意志も強かった。しめしめ、と研究者は考えた。

だがしかし――。

実験終了後から学期末までの学生の健康記録をチェックすると、まったく理解できない結果が出た。脅された被験者たちは、恐怖を覚え、注射を受けるつもりだったにもかかわらず、他の被験者に比べて接種率が高くなかった。パンフレットを見て怖がり、注射を受けたいという気持ちが強まったのに、行動は変わらなかったのだ。

その一方で、恐怖の強さとは無関係に、接種率がずば抜けて高いグループがあった。診療所への地図を提供された学生たちである。地図をもらった被験者はもらっていない人の八倍以上も、予防接種を受ける確率が高かった。診療所の場所は実験前からほとんどの学生が知っていたはずなのに、地図を渡すことが、「つもり」を実際の行動に転換させるひと押しになっていた。

この一〇年間、社会学者として変革の研究・指導に多くの時間を費やしてきた私は、態度や考え方を変えるのと、行動を変えるのはまったく別物だと知っている。たとえ本書を読んでチェイシングの弊害を知り、ストレッチの価値を受け入れたとしても、「そこへ行くまでの地図」を提供されないかぎり、あなたは何も行動を起こさないだろう。

そこで本章では、まさにその地図に相当するもの――チェイシングをやめ、いますぐストレッチングを始めるためのトレーニング法――を十二個紹介しようと思う。仕事で出世する、会社の業績を向上させる、創意工夫のできる子どもを育てる、人生の満足度を高めるなど、目的は何でもいい。筋肉と同じで、ストレッチも練習すれば強化される。そのうえ、このパワフルな働き方・生き方には、いますぐ享受できるメリットもある。

トレーニング①きっぱりノーと言う

子どものころ、テレビからは「ノーと言おう（just say no）」というキャッチフレーズがひっきりなしに流れてきた。この印象的なスローガンは、レーガン大統領夫人のナンシーがある学校を訪ね、子どもの質問に答えているときに偶然生まれた。誰かにドラッグを勧められたらどうしたらよいかと訊かれて、ファーストレディは答えた。「そうね、きっぱりノーと言いましょう」

チェイサーにとって、リソースを増やすのは一種の依存症である。「豊富なリソース＝優れた成果」という誤った考え方に支配され、リソースを獲得しないと気持ちが収まらない。だが、リソースをもっと上手に使うという方向へいったん考え方を変えられれば、「何を手にするか」よりも、「手持ちのもので何をするか」のほうが大事であることがわかる。そうすれば、きっぱりノーと言い、そこにすでにあるものの価値を広げやすくなる。

一九五七年、セオドア・ガイゼルは「単語を五〇しか使わずに本を書く」と宣言した。

編集者のベネット・サーフは、「そんなことなどできない」に五〇ドル賭けた。まあ無理筋だろう。だがガイゼルは、制約によって逆に解放された。無制限の単語の使用にノーと言うことで、範囲を絞った辞書が自分のなかにできあがり、使える単語だけで創造性を発揮することができたのだ。その成果が、セオドア・ガイゼル、別名ドクター・スースの大ヒット作『グリーン・エッグズ・アンド・ハム』である。*

あなたも、「これさえあれば……」的なよくある思考に陥るのはやめて、むしろその逆にトライしてほしい。豊富なリソースにはあえてノーと言おう。いや、もう一歩踏み出し、リソースはもっと少なくてよしとしよう。「このリソースすらない場合……」という具合に。

プロジェクトメンバーをひとり少なくする、締め切りを繰り上げる、予算を制限する、冷蔵庫にある材料でスペシャルディナーをこしらえる、子どもの誕生パーティを二五ドルで企画するなど、できることはいろいろある。とにかく、リソースがたっぷりないと何もできないという考え方は捨て去ろう。

＊ちなみに、五〇の単語は以下のとおり。a, am, and, anywhere, are, be, boat, box, car,could, dark, do, eat, eggs, fox, goat, good, green, ham, here, house, I, if, in, let, like, may, me, mouse, not, on, or, rain, Sam, say, see, so, thank, that, the, them, there, they, train, tree, try, will, with, would, you.

これは不可欠のリソースだと思っていても、たいていはそれほど重要なものではない。本書で紹介したストレッチャーの多くも、まさにそのことを学んだ。同じような立場にいる他の人が持っているリソースを、彼らは持っていなかった。ディック・イングリングには大手ビール会社のようなマーケティング予算がなかったし、アーティストのフィル・ハンセンには震えぬ両手がなかった。だからストレッチに頼るしかなかった。彼らに選択の余地はほとんどなかったが、最後には、いまあるものでもっといろいろなことができると気づいた。

もちろん、物理的・経済的な制約がなくても、ストレッチの威力を知ることはできる。豊富なリソースにただノーと言えば、まったく新しい人生観や仕事観が見えてくるはずだ。

トレーニング②「眠れる森の美女」を探す

ディズニーの一九五九年の映画『眠れる森の美女』では、オーロラ姫が魔女マレフィセントに呪いをかけられる。「一六歳の誕生日に糸車の針で指を刺し、死んでしまう」と。だが、メリーウェザーという妖精が機転を利かせ、「死ぬのではなく深い眠りにつき、心から愛する人のキスにより目覚める」という魔法をさらにかける。

メリーウェザーと他のふたりの妖精は、さらにオーロラ姫を田舎娘として森のなかにかくまい、危険な目に遭わせないようにする。にもかかわらず、マレフィセントは姫を見つけ出し、一六歳の誕生日にまんまと糸車に触れさせる。姫は深い、おそらくは永遠の眠りに落ちてしまう。

その姫を目覚めさせたのは、心から愛する人、フィリップ王子のキスだった。まるで死んだようだったオーロラ姫はそのキスで覚醒し、ふたりは末永く幸せに暮らした。めでたし、めでたし。だが、すでに示したように、おとぎ話ではない現実の世界では、たくさんのリソースが眠りについたままである。目を凝らせば、身近なリソースが活用されるのを待っているのがわかるだろう。あとはそんなリソースを覚醒させ、その（思った以上の）恩恵にあずかるだけでよい。たとえば、さまざまな問題の解決が可能になり、思わぬチャンスをものにできる。実際、コンサルティング会社ベインの調査によれば、企業がコア事業を再定義する「組織再生」のうちの相当数が、もはや使っていなかった隠れた資産に起因するものだという。

私自身も「眠れる資源」を経験している。科学の世界で誕生する膨大な知識は、たいてい倉庫へしまわれてしまう。インディアナ大学の研究者たちによる最近の調査でも、さまざまな分野における重要な科学論文が、少なからず「眠れる森の美女」になっていた。発表してもすぐに忘れ去られ、何十年も顧みられない。アルベルト・アインシュタインが一九三五年に発表したある論文は、その後六〇年近く科学文献で広く引用されることがなかった。物理学、化学、数学、内科学などの分野では「冬眠」期間がとくに長く、七〇年以上続くことも珍しくない。

インディアナ大学の研究者は、そんな眠れる美女を起こすのは部外者であることが多いと言う。バックグラウンドが違うからこそ眠れるリソースに気づき、それを生き返らせることができるのだ。

同じようなことは、時代遅れとなった製品にも起きる。6章に登場したマダム・C・J・ウォーカー(アフリカ系アメリカ人女性初の百万長者)は、黒人の法的権利がほとんど認められていない時代に化粧品ビジネスを興して成功させたが、彼女の死後、この事業は勢いをなくす。精力的で経験豊かな創業者なくして生き残ることはできなかったのだろう。

ところが、何十年も深い眠りについたあと、このブランドは二〇一六年に目を覚まし、刷新され、セフォラという化粧品チェーンの棚に置かれることになった。「マダム・C・J・ウォーカー・ビューティー・カルチャー」と名づけられた新製品は、昔と同様、十分なサービスを受けられていない未開拓の顧客層をターゲットとし、新しい市場を開拓した。

さあ、あなたにとっての眠れる美女を探すために、どんな個人的リソース(技能、知識、人脈など)や組織的リソース(製品、ルーティン、設備など)が長年棚ざらしになっているかを自問してみよう。できれば、あなたが置かれた状況について、部外者にも同じ質問をしてみよう。そして、その眠れるリソースがどう役立ちそうかを書き出し、それを復活させるために、少なくともひとつはすぐに行動を起こすのだ。

トレーニング③ 探検に出る

アカデミー・オブ・アチーブメントで賞を授与されたとき二七歳だったスティーブ・ジョブズは、「あなたと愚かな友人との違いは、日々積み重ねる経験にある」と述べた。それらの経験を魅力的なものにするには、職場、居住地、訪問地域など、最も長い時間を過ごす場所を変えるのが一番だ。

だが、そこまで抜本的な変更をしなくても、4章で紹介したマルチCルールを採り入れることはできる。毎週（あるいは毎月）数時間でよいから、いつもと違うもの（新しい雑誌、書籍、ウェブサイト）を読む、自分とは違う業界のワークショップやカンファレンスに参加する、新しい同僚と仕事をする（オフィススペースを誰かと一日交換するなど）というように。

別の業界の似たような仕事の人とランチを食べに行ってもいいし、勉強仲間を見つけて、自分の専門とは違う分野について学習してもいい。私も、大学生のときはある哲学者に指導を受け、修士課程のときは経済学者に、博士課程では幅広い知識を持つ教授に指導を仰いだ。

このトレーニングを次のレベルへ進めるには、米国最大規模のPR会社ゴリンのCEO、フレッド・クックがしたことが参考になるだろう。みずから望んで、運転手、教師、ロックバンドのエージェント、ドアマンなど多彩な経験をし、マルチCルールの効用を知っていた彼は、二〇一四年の後半、社内にインターンシップならぬ「アンターンシップ」プログラムを立ち上げた。そして、まず全員が参加可能なコンテストを開催し、次のようなシンプルなリクエストを出した。「四〇ドルの予算とビデオクルーを使って、違う経験をしてこい」

優勝したアキンボラ・リチャードソンは、シカゴで物乞いとタクシー運転手をした。このふたつの視点を経験すれば、都市の鼓動をもっと身近に感じられると思ったからだ。ご褒美は、夏期有給アンターンシップだった。

彼は、さらにさまざまな体験プランを練った。ジョージア州でスカイダイビングをし、バージニア州で「タフマダー」レース（過酷なことで知られる障害物レース）に出場し、ニューオーリンズでホームレスのための家を建て、アーミッシュやネイティブアメリカンの人たちと暮らす。リチャードソンはこう語る。「怖い思いをする、新しい文化にふれる、人の役に立つ、そんな行動を組み合わせようと思いました」

クックは、アンターンシッププログラムに大きな期待をかけている。参加者は多様な経験を通じて、会社の顧客に資する新しいアイデアを持ち帰ってくれるはずだ、と。

休みをとって、これと同じようなことをする余裕はないし、お金を出して誰かにこれをやらせるのも無理？　それなら、身のまわりにあるさまざまな体験をもっと上手に活用すればいい。

軍向けに機密性の高い仕事をするソフトウェア企業、ライト・ソリューションズは、社員の経験をうまく活用するために、社内にアイデア市場をつくった。社員は誰でも、新しいテクノロジーの導入、新製品の発売、代替プロセスの開発といったアイデアを売り込むことができる。するとその提案は「株式」となり、他の社員はこれを、会社が提供する一万ドルの「オピニオンマネー」で売買できるというしくみだ。各アイデアには最初一〇ドルの株価がつき、社員はこの価格を競り上げる（下げる）ことができる。

探索の旅に直接出るにせよ、部外者たちを集めて間接的に探索を試みるにせよ、ときには安全地帯を離れることが重要だ。

トレーニング④　集中しない

私たちは小さなころから、集中することの重要性を教え込まれる。それはある意味もっともで、空想にふけっているときに学習し、結果を出すのは難しい。研究によれば、人はほぼ半分の時間を、いましているのとは別のことを考えて過ごしており、これが不幸のもとになっている。ながら運転による事故もそのひとつだ。

だが、集中も度が過ぎると創造性を損ないかねない。極端な例だが、注意欠陥多動性障害（ADHD）と診断された人は、創造性評価で高いスコアを記録する傾向がある。なぜか？　心を自由に解き放ち、他の人が見逃すものを結びつけることができるからだ。

心理学者のチームが一四五人の被験者に、あるモノのふつうとは異なる用途をできるだけたくさん考えてもらった。被験者はまず、ペーパークリップ、紙きれ、つまようじ、ねじまわしの四つのうち二つについてその作業をする。

次に、被験者を無作為に四つのグループに分ける。一二分という時間のなかで、第一のグループは頭を使う作業をし、第二のグループは頭を使わない作業をする。第三のグループはただ休んでいる。その後、被験者の心がどれくらいさまよったか（自由に解き放たれたか）を測るための質問に答える。第四のグループはそうした作業を飛ばして、すぐに次のステップへ移る。

そして最後に、四つのグループの全員が二度目のリソースフルネス評価作業に臨む。二分間のうちに、四つのモノそれぞれの新しい用途を考えてもらうのだ（うち二つは、先ほど作業をしたリソース）。

そのデータを集計したところ、頭を使わない作業をしたグループは別のことを考える余裕があったため、他のグループよりも心を自由にさまよわせていた。そしてこれがリソースフルネスのレベルアップに大いに役立った（そのぶん頭を使わない作業の成績が悪い、ということもなかった）。彼らは先に作業したのと同じ二つのモノについて、新しい用途を思いつく数が四〇％も増えていた。集中力を要しない作業によって、前に見たモノに対する見方が無意識のうちに広がっていたのである。他の三つのグループ（難しい作業をした、休んだ、すぐに次へ進んだ）に比べても際立っていた。*

この点に関連して、経営学者のキム・エルスバッハとアンドリュー・ハーガドンは、ちょっと意外な提案をする。「働きすぎの人には、頭を使わない仕事をもっとさせろ」というのだ。最初は馬鹿げた話に思える。ただでさえやることが多いのに、なんでわざわざ頭を使わない仕事をやらなきゃならないのか。実際、一九七〇年代以来、組織心理学者たちはふたりの提言とは正反対の働きかけをしてきた。困難でやりがいのある仕事によって、働くことの意義、仕事への満足度、従業員の能力を高めよ、と。

困難な仕事はたしかにそうしたメリットを提供する。しかし同時にそれは、過度のプレ

---

*四つのうち二つの新しいリソースについては、四グループのパフォーマンスに差はなかった。被験者は潜在的に、初登場となるこれらのリソースについては考えていなかったからだろう。彼らが考えていたのは、先に登場していた二つのリソースだけである。

ッシャーや精神的疲弊の原因にもなる。だからエルスバッハとハーガドンは、ひと息入れるために難しい仕事と簡単な仕事を交互にやることを勧める。頭を使わない簡単な仕事には、バッテリーの再充電のような効果がある。こうすることで、私たちは先々の仕事に備えることができ、心を自由にさまよわせ、リソースの新たなつながりや組み合わせを発見することができるのだ。

というわけで、あなたもときどき、役不足ともいえるやさしい仕事をしてみてはどうか。さほど難儀ではないが必要ではある、そんな仕事である。私はよく研究や執筆で頭が疲れると、三〇分ほどメールのやりとりをする。仕事とまったく関係のないメールに返信していると、新しいアイデアがふと浮かんでくることもある。あなたが企業の幹部なら、オフィスを離れて顧客と時間を過ごすのもいいだろう。エンジニアなら、ルーティンのメンテナンス作業をするもよし。あるいは時間を見つけて事務作業をする。大人向けの塗り絵にチャレンジする。オフィスの掃除をする。簡単な食事をつくる。気楽なゲーム（ソリティアなど）をする……。

散歩も試したい（私のお気に入りの気晴らしである）。スタンフォード大学の心理学者グループによると、リソースの新しい用途を思いつくには、座っているときよりも歩いているときのほうが八一％も能率が上がる。散歩によって心が解き放たれるかららしい。

第二に、時計に合わせて働こう。専門職の人は、時間ではなくプロジェクトや活動ベースで働くことが多いから、タイムカードはブルーカラーの使うものだと思いがちだ。たしかにタイムカードを使わないほうが一見融通が利きそうだが、じつはほとんど休みなしに急ぎの仕事から急ぎの仕事へと移行するから、かえって融通が利かないことも多い。

その点、時計に合わせて働けば、始まりと終わりが義務づけられる。気分的に楽だし、心を自由に遊ばせる時間もできる。まずは一カ月に最低一日は「仕事は○時から○時まで」と決め、守るようにしよう。そのあいだは、オフィスを出てからスマートフォンで仕事をしたくなっても我慢しよう。

それができたら、次のレベルへ移行する。ティモシー・フェリスの『「週4時間」だけ働く』（青志社）を読み、同じ量の仕事をもっと短時間でできるよう挑戦するのだ。

トレーニング⑤ 新しい隣人を選ぶ

ストレッチを強化するには、チェイシングから抜け出すのが先決だが、繰り返し述べたように、これがなかなか難しい。悪い「隣人」がいる場合はとくにそうだ。われわれは、隣の住人、職場の同僚、子どもの通学友だち、暇なときにつきあう友人など、四六時中誰かに囲まれている。そして誰と時間を過ごすかが、自分の行動に大きく影響する。

心理学者たちは最近、各州の住人のグーグル検索語をもとに、州レベルの所得格差を調査した。具体的には、独立の評価者に頼んで、富や成功などを示唆する買い物（経済学者が言う「地位財」）に重点を置く検索語を特定してもらった。

すると、所得格差が大きい州では、ラルフローレンのメンズウェア、デイビッド・ユーマンのイヤリング、毛皮のベストなどの地位財の検索が頻繁に行なわれる一方、格差が小さい州の検索語はラブコメディ、花の名前、レモンケーキのレシピなど、地位財ではないものが主だった。

興味深いのは、所得格差が大きい州に住む裕福でない人たちでさえ、格差が小さい州の同じような人たちに比べると地位財の検索が多かったという事実だ。絶対的な所得水準に関係なく、所得の相対的差異が大きいほど地位財志向が高まるのは、お金持ちでない人がお金持ちに追いつこうとするからだ。

米国内でおそらくハリウッドほどチェイシングを体現している町はないだろう。ルックスのよさからツイッターのフォロワーの多さまで、俳優たちがあらゆる点で相手をしのごうと競い合っている。それもあって、アカデミー賞受賞者のブリー・ラーソンはハリウッドと距離を置いている。自身の哲学について、彼女は次のように語る。「自分がこの業界に属しているという気がしません。この奇妙な機構の一翼を担っているなんて……。じつはそこに取り込まれないよう意識してきました。私はロサンゼルスには住まない。ロサンゼルスで仕事をし、ロサンゼルスでオーディションも受けますが、そこで映画を撮ることはめったにありませんしね」

一方、妻のランディと私は、シリコンバレーからミシガン州アンアーバーという小さな大学町へ引っ越したとき、年収が半分以下になってしまったが、たくさんの大学院生や活気あるキャンパス文化に囲まれて気持ちは豊かだった。

とはいえ、隣人を変えるのにわざわざ引っ越す必要はない。仕事を変える必要もない。尊敬できるストレッチャーを選び、月に一時間はその人と過ごすようにするだけで変化はある。友人、同僚、子どもの友だちの保護者、スポーツジムの仲間など、さまざまな世界でストレッチャーを見つけよう。

トレーニング⑥ 毎日感謝する

6章に登場したソフトウェア会社、グループの創業者であるアレックス・ターンブルは、口先だけでありがとうと言う人が多すぎる、と考えている。彼自身は、会社が大きくなっても感謝の気持ちを忘れず、重要なステークホルダー（社員、顧客、家族）に対して、日々の感謝を伝えてきた。「感謝の気持ちがあると、自由な時間をもっと大事にするようになります」と言うターンブルは、多くの起業家が陥るチェイシングの危険性を認識し、比較的穏当な九時間労働にこだわる。

会社が成長してからは、感謝の気持ちを公にするため、グループの創業・経営にまつわる苦労話や成功譚をブログに綴った。同じような問題に立ち向かうスタートアップ企業が、自分のような過ちを犯さないようにとの思いからでもある。

心理学の研究によれば、感謝の気持ちを抱く人はリソースに対する考え方が広がり、他人を助けようとすることが多いという。ターンブルのブログも他者への還元努力の表れであり、それは驚くほど効果を生んだ。貴重な経験を共有するのは会社の内情をさらすことをも意味したが、おかげで読者からの信頼が高まり、その一部は顧客になってくれた。現在、ブログ購読者の約一〇%がグループのフリートライアルを利用している。従来のマーケティングウェブサイトへの訪問者の場合は五%しかない。

ブログ購読者はまた、非購読者よりも五〇%高い確率で契約ユーザーになった。寛容な姿勢のおかげで、ターンブルは広い視野で他人を助けることができ、最終的には会社も成長させることができたのである。

現状のリソースに感謝すれば、必要ないものをほしいと思いかけても踏みとどまれる。でも私たちの多くはつい、あすの一〇〇ドルより目の前の一〇ドルに心を動かされてしまう。アレックス・ターンブルはどうやって、この誘惑に打ち勝ったのだろう?

男性三二人、女性四三人を対象にしたある実験で、心理学者は被験者を三つのグループに分け、各グループごとに条件を課した。感謝したくなったできごとを思い出す、幸せな気持ちになったできごとを思い出す、ごくふつうの一日を思い出す（対照群）。次に五分間で、そのできごとについて書いてもらった。そして、その後アンケートを実施したところ、各グループの被験者が実際に「感謝」「幸福」「中立」の状態にあることが確認された。

そのうえで被験者に、いますぐ少額の現金を受け取るか、将来もっと高額の現金を受け取るかを尋ね、二七段階の選択肢から回答を選んでもらった。すると、「幸福」群と対照群の被験者は平均して、三カ月後の八五ドルをあきらめる代わりに、いますぐ五五ドルを受け取ろうとした。

ところが「感謝」群の被験者は、同じく三カ月後の八五ドルはあきらめたが、少し先の六三ドルを選んだ。感謝の心によって未来を優先する気持ちが生まれ、目の前の誘惑に負けない忍耐が増したのだ。アレックス・ターンブルが会社を売って得られる目先のお金に動かされず、夢を追いつづけたのも同じ理由だ。

ここであなたに朗報がある。研究者のロバート・エモンズとマイケル・マッカローは、感謝の意を表す簡単で効果的なトレーニング法を編み出した。週に一度時間を見つけて、感謝したいことがらを五つ書き出すのである。昇進などの重大な節目、販売目標の達成、楽しかった家族休暇……。どんなにありふれたものでもかまわない。

エモンズとマッカローによると、このようにして感謝の気持ちを抱いた人は、同じ週のできごとやいざこざを五つ書き出した人に比べて、自分は幸福だと感じる度合いが高く、身体疾病の症状も少なかった。また、その週の運動量も多かった。こんなにシンプルな方法で、手持ちのリソースに感謝できるようになるのである。

トレーニング⑦クローゼットの中身を総点検する

コートニー・カーバーはかつて、成功を収め、幸せになるにはリソースがあればあるほどいいと信じていた。だが多発性硬化症と診断されたのをきっかけに考えを改め、「プロジェクト333」をスタートさせた。それは、衣装ダンスの中身を三カ月間（1シーズン）、三三アイテムに絞り込もうという呼びかけだった。三三アイテムでもスタイリッシュで快適な装いができる、そう気づいたカーバーは、そのぶん、家族といっしょに過ごすなど、人生のもっと重要な体験に時間を割くようになった。また、クローゼットにすでにある衣服のユニークな組み合わせや利用法を見いだし、ストレッチを実践した。

彼女と同様、ラウリ・ウォードもリソースを無駄にすることが我慢できなくなった。デザイン学校を卒業したものの、どの仕事も人にたくさんモノを買わせることが中心で納得できない。彼女にとってインテリアデザインとは生活体験であり、家具やブラインドの消費ではない。結局、就職せずに、インテリアデザインの会社を自分で立ち上げた。モットーは「持てるものを使う」だ。

近藤麻理恵は、独自の片づけや整理整頓術を世界に紹介した。彼女の著書はベストセラーになり、読者は、モノをたくさん集めるのではなく、本当に必要なものだけを精選してこそ満足が得られることを知った。いったん片づければ、手元にあるものはずっと使いやすくなる。

コートニー・カーバー、ラウリ・ウォード、近藤麻理恵。彼女たちの実践をヒントにすれば、すでに貴重なリソースで一杯のクローゼットを有効活用することができる。オフィスでも、よく見れば未発掘の有能な人材や優れたスキルの持ち主がいるだろう。もっと頭数を増やしてほしいと言う前に、そうした人材やスキルを最大限活かそう。家庭でも、身のまわりのものの上手な使い方を工夫できるはずだ。新聞紙でバースデープレゼントをラッピングしたり、マウスパッドを鍋敷き代わりにしたり、曲がったスプーンをキッチンフックに使ったり……。

有名な発明品の多くも、じつは既存のモノから生まれている。子ども用小麦粘土の「プレイ・ドー」は最初、壁紙のクリーナーだったが、一九五〇年代にビニール製壁紙が台頭してクリーナーとしては使われなくなり、子ども向けに転用された。コルク栓抜きは、軍隊の弾丸摘出用器具がもとになっているし、ガラス製品の「パイレックス」は、コーニング社の技術者の妻が、ためしに鉄道ランタンのガラスでケーキを焼いたのが始まりである。ベビーキャロットだって、商品にならない傷んだニンジンをジャガイモの皮むき器や豆用のカッターに通すために改良した成果だった。

ちなみに、本書の執筆にあたって私は、研究の過程で出会ったが本書向きではなさそうなストーリーや研究、事例をファイルに集めておき、それを月に一度は読んで、どこかの章で使えないかを吟味した。前の段落に示した事例はすべてそこから引いてきたものだ。

トレーニング⑧「事後の計画」を立てる

このトレーニングに関しては、5章で、仕事や組織、人生に対するさまざまな考え方を二種類の音楽にたとえたのを思い出してほしい。大半の人は交響曲、つまり計画してから実行するほうが肌に合う。ルーティンに精通し、確かな計画を立てておけば安心できるし、そのとおり実行できれば優れた結果を出せる。だが、交響曲をつくるには、事前にすべての問題を解決しておかなければならない。また、計画がなければ仕事の完遂は難しい。

一方、ジャズは計画より即興を重んじ、行動しながら対応することを求める。一度動き出せば計画に頭を悩ませることはなくなり、人々の行動を観察し、そこから学ぶことに集中する。ミスも犯すだろうが、それは計画からの苦々しい逸脱ではなく、改善改良の重要なチャンスである。偉大なジャズミュージシャンのマイルス・デイビスは、ミスを「修正すべき問題」と捉えるのではなく、「新しいメロディを探究するための踏み台」にした。

あなたもジャズを演奏したいなら、計画と行動の関係を逆さまにすることだ。つまり、行動してから計画する。組織研究で知られるカール・ワイクは、おもしろい疑問を投げかけている。「自分の発言内容を知るまで、自分が何を考えているかなんてどうやってわかるのか？」。自分がすでに述べたこと――さらに言えば、すでにしたこと――を振り返るまでは、自分が何を考えているかは本当にはわからないという指摘である。だが計画を練ると、往々にして注意深く反省したり振り返ったりしなくなる。人には、すべてが計画どおりに運ぶとすぐ次に進む傾向があるからだ。

計画なしにプロジェクトを始め、ゴールめがけて走り、旅に出る。やったことを記録する。そして、そのプロジェクトや旅が終わるまで同じことを繰り返す。そうすれば、あとには行動の全記録が残る。私はそれを「事後の計画」と呼びたい。

さあ、あなたも自分の「事後の計画」をつくり、評価しよう。それを通常の「事前の計画」と比べよう。どんな新しい学びがあっただろう？　迅速に行動しただろうか？　前もって計画しなかったことで何を失い、何を得ただろう？

トレーニング⑨ 後列をランダムにする

一九九六年の夏、世界最高のチェスプレーヤーのひとり、ボビー・フィッシャーが重大な発表をした。

アルゼンチンのブエノスアイレスに集まった何百人ものジャーナリストやチェスファンを前に、彼はこう述べた。愛すべきチェスが、いま深刻な脅威にさらされている――。優秀なプレーヤーは途方もない時間をかけて過去のゲームを分析し、初手を暗記する。成功のカギは、スキルや独創性、適応性ではなく、入念な計画だ。準備に相当の時間と労力をかけるため、暗記した序盤の指し手が終わった中盤・終盤になると、多くのプレーヤーが苦労する。そこでフィッシャーは、大きなルール変更を提案した。チェスがスキルを要するゲームに戻ることを望み、後列の駒の並べ方をランダムにしようと言ったのだ。

ランダムな駒の並べ方を提案したのはフィッシャーが初めてではないが、俗に言うシャッフルチェスで盤上の駒を完全にランダム化すると混乱が大きくなりすぎてしまう。ゲームに精通しすぎると新鮮味や適応力が失われるのと同じように、あまりに速く大きな変化を導入するとゲームはめちゃくちゃになる。

そのことを知っていた彼は、その中間の妥協点を見いだした。チェス960（またはフィッシャー・ランダムチェス）と呼ばれる彼のやり方は、後列の駒だけをランダムに並べ、事前のゲームプランを不可能にする。最初の並べ方が九六〇通りもあるから、勝つためにはスキルはもとより、その場での思考力が求められる。こうしてプレーヤーは、見たこともない新しい盤面を経験しながら適応力を磨き、駒の動きを単に暗記するのではなく、動かし方を学ぶようになる。

もしも、あなたが自分自身を「自動操縦」に任せすぎていると感じたら、後列をランダムにすべきときなのかもしれない。習慣は心地よいが、現状に甘んじ、改善の可能性を考えない生活は感心しない。そうではなく、部外者を招き入れてチームメンバーをシャッフルしよう。毎週の会議を違う部屋で、違う曜日に、または部屋のレイアウトや席順を変えて実施しよう。

すると、チームの状況に変化があらわれるはずだ。相手のオフィスを訪れ、メールではなく面と向かって議論したり、いつもと違うルートで通勤・通学し、いつもと違う場所に駐車するのもいい。出社時間と退社時間を何日間か変え、廊下で見慣れぬ人と出会うのもいいだろう。

トレーニング⑩「半年の計」を立てる

いまから四〇〇〇年前、バビロニア人は春分のころ、アキトゥと呼ばれる一二日間の宗教祭で作物の種まきと新年の始まりを祝った。また、現在の王に対する支持を再確認したり、新しいリーダーを選んだりもした。一月一日に宣言する「新年の抱負」も、彼らに端を発している。バビロニア人にかぎらず、多くの国の宗教や文化で、自己改善の抱負と新年の始まりはセットになっている。

心理学者のジョン・ノークロスは、新年の抱負について研究し、約四割の大人が一年の計を立てることを発見した。また、彼の推計では、新年に抱負を持つと、プラスの変化を起こす成功率が一〇倍に高まるという。

だが、意を新たにするのはなにも新年だけでなくていい。医療ジャーナリストのリンダ・アンドリュースは、七月四日の合衆国独立記念日にも誓いを立てる。いわく、年末年始の準備、親戚とのつきあい、シャンパンの飲みすぎによる二日酔いなどのストレスがあると、決意しようという気がなかなか起こらない。でも年半ばの七月四日なら、年末年始よりずっと冴えた頭で考えられる。それに、新年の決意がどうなったかを振り返ることもできる。

妻と私は毎年六月一日から六週間、いつもより健康的な食事をとり、運動量を増やすようにしている。これは、一五年近く前、結婚式に備えて体調を万全に整えるべく始めた「儀式」の一環である。以来、この誓いを忘れたことはない。いまでは毎年ちょっとした楽しい趣向もこらしている。熟年夫婦から新婚夫婦に変身して、結婚記念日を祝うのだ。この日は当時の結婚衣装で街へ出て、夜を過ごす。そのために私はランディのブーケをつくり直し、ランディは私のためにブートニエール（胸元に飾る花）を注文する。

毎年、いろいろな人たちがやって来て幸せな結婚を祈ってくれる。私たちは微笑み、新婚カップルのようにふるまい、その時間を満喫する。また一年関係が続いたこと、そして一〇年以上前の服がまだ着られることに感謝する。本来ならもう使われることのないはずのウェディングドレスとタキシードをこれだけ活用できるのだから、ありがたいかぎりである。

トレーニング⑪ 分解する

フィリピンのある貧しい地区では長いあいだ、ぼろ家に住む人たちがなけなしのお金で電気を買い、家で電灯をつけていた。それも昼日中に。しかし、貴重なリソースを節約したいという思いが素晴らしい発明を生んだ。二リットルのペットボトルに水を満たし、屋根の穴に埋め込んだところ、これが太陽光を家のあちこちに屈折させ、晴れた日は電灯が不要になったのだ。

マサチューセッツ大学の博士課程で心理学を学んでいたアンソニー・マキャフリーは、世界の重要な発明のほとんどはこのペットボトルと同じような道をたどってきたことに気がついた。つまり、発明者がひとつのリソースを小さな構成要素に分解《ブレークダウン》することで、あまり知られていない機能や特徴を発見していたのである。

では、リソースの分解のしかたを知るにはどうすればよいのか？　彼はその実用的・効果的な方法を考え出した。まず、該当のリソースに関するふたつの質問をする。(1)そのリソースはもっと分解できるか？　(2)分解した要素から何か用途が思い浮かぶか？　できるだけ小さな構成要素に分解するのがコツである。すると隠れた用途がたくさん見つかる。

どこにでもあるロウソクを例にとろう。ロウソクは蠟と芯でできている。蠟からは用途がひとつ思い浮かぶ（燃料になる）が、マキャフリーによると、用途ばかり見ていては、ふつうとは違う用途を想像できない。蠟で言えば、たとえば「円筒形の脂質」というふうに捉えるとよい。芯は何か火をつけるものを連想させるが、これも用途である。そうではなく、「繊維をより合わせた糸状体」と捉えれば、別の用途が見えてくる。

続いてマキャフリーは、先のふたつの質問による方法を被験者に訓練し、限られたリソースしかない問題を解いてもらった。たとえば、「ふたつの重いスチールのリングを、ロウソク、マッチ、一辺五センチのスチールの立方体だけを使って互いに固定するにはどうすればよいか？」。溶けた蠟でスチールのリングをくっつけるのは難しい。正解のひとつは、ロウソクの芯をひもとして使い、ふたつのリングを束ねるというもの。マキャフリーの方法の訓練を受けた被験者は、そうでない被験者よりも、こうした問題の正解率が六七・四％高かった。

トレーニング⑫ ごみに宝を見いだす

3章で紹介したジェニー・ドーソンは、ごみ箱行きになる運命だった作物を手づくりの食品に変え、それをビジネスとして成功させた。だが、ごみを宝に変えたのは彼女だけではない。

トム・ザッキーは使用済みのコカ・コーラの瓶に入れたミミズの糞から、持続可能な肥料の会社をスタートさせた。これがやがてテラサイクルという、売上数百万ドル規模の会社へと成長した。同社は空《から》のジュースパウチからトートバッグをつくるなど、あらゆる廃棄物を再利用している。

また、ジョン・ブラッドバーンはゼネラルモーターズ（GM）の「埋め立てゼロ」プロジェクトを率いている。任務はごみを宝に変えることだ。「GMでは廃棄物を『行き場を間違えた資源』と見なします。会社の工場から出た廃棄物を見たら、どうやって処分するかではなく、もっとよい使い方がないかと考えるのです」と彼は言う。

ブラッドバーンの家には、新しく見つけた宝が散在している。用済みのコンテナでつくった物置ふたつ、自動車バッテリーからつくった巣箱が一九個……。GMでは、塗料スラッジ（塗料かす）を輸送用ボックスに、油まみれのオイルフェンスを「シボレー・ボルト」の部品に、中古タイヤをエアディフレクターやウォーターディフレクターに転用してきた。誰かに新しい仕事をさせることで、宝を生み出すこともできる。二〇一四年、ハリケーン「オディール」がメキシコのロスカボスを襲い、地元経済の担い手であるホテルの多くを破壊した。このとき、高級リゾートの支配人を務めるマウリシオ・マルチネスは、設備を修理するためにホテルを何カ月も閉鎖しなければならなかった。宿泊客がいないので、テニスコーチからバーテンダーまで、接客や娯楽担当のスタッフはもう必要ない。だが彼は、スタッフをひとりもクビにせず、建設作業員として雇いつづけた。結果的に、彼ら「建設スタッフ」がたくさんいたおかげで、マルチネスのホテルはライバルよりも速いペースで再建を遂げた。

ごみ箱のなかに宝を見つけるには、まず「日記」をつけるといい。主なできごと、活動、体験をリストアップし、その横に「思わぬメリット」を最低ひとつ書くのだ。仕事での昇進、娘の誕生祝いなど、明らかにうれしいできごとの場合は簡単にできるだろう。夕食の準備、研究企画の作成など、ニュートラルなできごとになると少し難しい。通院、レポートの採点（私の場合）など、あまりうれしくないできごとに関しては不可能に近いかもしれない。それでも、よく考えれば隠れたメリットが見つかるものだ。検査の結果を見て、もっと健康な暮らしをしようという気持ちになったとか、学生のレポートから新しい気づきがあったとか。

隠れたメリットが見つかったら、それはじき宝になる。

筋肉と同じ。使うほどに強くなる

本章で紹介したストレッチ強化トレーニングには、すぐやってみたくなるものもあれば、そうでないものもあるだろう。それでかまわない。やれるところから試してほしい。それぞれのトレーニングをひとつのリソースと考え、あなた自身の置かれた状況に適応させることが重要だ。

5章で、間違った地図を使って帰還した兵士たちの話をした。アルプスの山中で道に迷い、ピレネー山脈の地図で無事帰ってこられたのは、地図のおかげで気持ちが静まり、次いで行動、コミュニケーション、学習が可能になったからだった。本章では、あなたにストレッチを強化するための地図をお渡ししたが、大事なのはどのトレーニングをするかではない。完璧にこなせるかどうかでもない。とにかく行動を起こすことだ。

筋肉と同じで、ストレッチは使うたびに確実に強化される。

おわりに

あなたがストレッチに「開眼」する日

私たちのほぼ誰もが、人生のどこかでチェイシングを経験しているか、その魅力に引き寄せられたことがあるはずだ。私自身、チェイシングの重力から逃れるのがいかに難しいかを知っている。熱烈なチェイサーが周りにいると、とくに難しい。だが私はまた、チェイシングをやめてストレッチを始めるのは誰でも可能であり、それだけの価値があることも知っている。

チェイシングにとらわれる最大の理由のひとつは、ほかに方法がないと思っているからだ。その思い込みを取り払うために本書では、チェイシングを拒み、よりよい生き方や働き方や組織のつくり方としてストレッチを受け入れるための方法を、数々の実例とともにお伝えした。

本書で出会った人たちは、公私ともに優れた結果が出るからストレッチを選んでいる。ディック・イングリングは、子どもたちに譲りたいと考えるビール帝国を築き上げた。バン・マンは、グラウンドのなかでも外でも優れた野球選手になった。ジェニー・ドーソンは食品廃棄物をジャムに変えることで、社会的インパクトの強い有意義なキャリアを築いた。マダム・C・J・ウォーカーは美容製品を使って、貧しいアフリカ系アメリカ人をビジネスウーマンに変身させた。ロバート・ロドリゲスは少人数のスタッフでよい映画をつくり、商業的に成功させる一方、同時代のほとんどの人より仕事そのものを楽しんだ。アレックス・ターンブルは会社を高額で買い取るという申し出を断り、人生のあらゆる面で豊かさを満喫した。

これらのストレッチャーはみんな、キャリアやビジネスの成功を手にした。もっと重要なのは、彼らが人生に深く満足していることである。

多くの人にとって、ストレッチをめざすのは待ったなしの緊急事項である。なぜなら、チェイシングのせいで厳しい現実を突きつけられているからだ。われわれは、かつてない重圧にさらされている。たとえば、アメリカ人の七〇%が少なくとも次の三つのうちのいずれかの金銭的問題を抱えているという。(1)稼ぐ以上に使う、(2)月収の半分近くを借金の返済にあてなくてはならない、(3)一カ月分の生活費もない。

それ以外の人にとっては、時間が大きな障害になっている。いまやアメリカの子どものほとんどは、両親が共働き、またはひとり親が働く家庭に暮らしている。

変化が激しい世の中では、自分の専門外の仕事を頼まれることもしょっちゅうだ。それなのに、二〇〇〇人の成人を対象にした最近のハリス世論調査によれば、アメリカ人の四一％が過去二年間に職業技能訓練を受けていなかった。世情がますます厳しくなるなかで、リソースを素早く調整、蓄積、変換する――つまりストレッチを学ぶことは、もはや必要不可欠と言っていい。

繰り返し述べたように、ストレッチへの道のりは、まず考え方を変えることから始まる。あなたがまだ「豊富なリソース＝優れた成果」という考えにとらわれているなら、それを捨て、「リソースの優れた活用＝優れた成果」という信念に置き換えてほしい。そうするだけで、誰も勝者のいない、リソースをめぐる非人間的な競争から自由になり、すでにあるもので満足できる方法をマスターできるようになる。

さあ、チェイシングをやめて、ストレッチの腕を磨こう。ふつうとは違う方法でリソースを利用するため、すすんでアウトサイダーになり、新しい経験を求めよう。ときには計画を立てずにものごとに取り組もう。自分にも他人にもポジティブな期待をしよう。そして、いままでにないやり方でリソースを組み合わせ、全体が部分の総和に勝るようにしよう。

ないものに心を悩まさず、あるものに感謝する――それがどれほど解放的なことか。

会社の同僚から子どもまですべての人に、ないものねだりをするのではなく、あるものの活用法を知ってもらう――それがどれほど素晴らしいことか。

仕事や家庭ですでに手にしているリソースの価値をもっと大きくできれば、どんなにうれしいことか。いかなる状況でもストレッチできるようになったら、変化の激しい世の中にもうまく順応できるとしたら、どんなに心強いことか。

優れたストレッチには、じつにたくさんの効果がある。その原理を日々実践すれば、もうリソースを追い求めることはなくなる。すでにあるものを使って、もっと仕事を楽しみ、もっと強い組織を築き、もっと大きな幸福を手にできる。

簡単にできるとはかぎらない。だが、ストレッチがもたらす変化には、チャレンジするだけの価値が大いにある。

この本はそのための地図だ。これを頼りに、あなたらしいストレッチを獲得してほしい。

謝辞

本書を完成させるために、たくさんの人が力を貸してくれた。まず誰よりも感謝したいのは、妻のランディだ。この素晴らしいストレッチャーと暮らすことで、私は大いにインスピレーションを得た。何かアイデアを思いついたとき、彼女がそれをどう実践しているかを想像すると、アイデアが明確な像を結んだ。ランディはまた、数度の編集作業を請け負いながら、本書のあらゆる箇所に知恵を授けてくれた。もちろん同時に、愛情深いパートナー、思いやりある母親、卓越した職業人でもある。彼女のおかげでこの本は本当によくなった。そして私も。

エージェントのリチャード・パインは、最初の打ち合わせをもとに私の思考を広げてくれた。まだほんの一段落しか書いていないときから我慢強く私との仕事をスタートさせ、強い好奇心と建設的なフィードバックにより、それを一冊の本に仕立て上げた。リチャードとインクウェル・マネジメントのスタッフ、とくにイライザ・ロススタインにも心から感謝している。

次の三人がいなければ、この本を書いてはいなかっただろう。博士課程の指導教員だったジェーン・ダットンは、研究やリソースフルネスについてたくさんのことを教えてくれた。二〇一三年の「ポジティブ組織学カンファレンス」で基調講演を終えてステージから降りた私に、彼女は「これをテーマにすぐ本を書きなさい」と言った。私はそのとおりにしたわけだ。アダム・グラントは、多くの時間を割いて出版というものについて説明し、研究内容や考えていることを多くの人に伝えるべきだ（そして伝えることができる）、それはとてもためになると私を説得した。彼の激励、寛大さ、助言、そして私をリチャードに紹介してくれたことには、どれだけ感謝してもしきれない。ライス大学の同僚だったマルク・エプスタインは、私が本を書きたいのかどうか——書くとしてもどうやればよいのか——悩んでいるとき、賢明な助言と絶えざる支援を提供してくれた。

ホリス・ハイムバウチの本書に対する熱意は、初めて会ったときから明白だった。本書を一貫して支持し、この本の説得力とわかりやすさを高めてくれた彼女に感謝する。ステファニー・ヒッチコックをはじめとする、ハーパーコリンズの他のチームスタッフにも感謝する。

有能な研究助手のみんなが、私の論点を補完する事例を見つけてくれた。マット・スタインが加わったのは、私が本書の最初の構想を練り上げたころだ。彼が新しいことを学ぶのに熱心で、すぐさま熟練の研究者に変身を遂げたのは幸運だった。マットは重要なストーリーを探し出し、貴重な意見を提供し、ほかにもいろいろな点で貢献してくれた。まさに偉大なストレッチャーであり、労力と知識のすべてを本書に注いでくれた、よき友である。

ジェシカ・イはマットを引き継いで、プロジェクトの完了を熱心に手際よくサポートしてくれた。デイアニラ・ベルデホは、私が本書の執筆にとりかかる前から、優れた事例を見つけ出してくれた。クリステン・ノルトとアシヤ・カジは私が本書で用いた研究を、パット・ビクターとジャネール・ファラボーは事務仕事を手伝ってくれた。

ケイティ・デセルスとウトパル・ドラキアのふたりほど、素晴らしい研究協力者はいない。彼らからは多くのことを学んだし、本書の全ページを熱心に読んでくれたことに感謝したい。ふたりが満足してくれたとき、本書をもっとたくさんの人に読んでもらって大丈夫だと確信できた。同僚のエリック・デインは、ふたつの章に関してじつに役立つアドバイスをくれた。

外部《アウトサイダー》の方々からもありがたいコメントをもらった。ダレン・バーケンは本書の全ページに（ときには複数回）目を通したうえに、優れた事例を教えてくれた。原稿全体について鋭いフィードバックをくれたクラウディア・コルカー、ネリ・ニコバ、セス・トペクにも感謝する。

私は長年、リソースフルネスに関する有益なディスカッションをたくさんさせてもらった。ライアン・クイン、マーサ・フェルドマン、クリスチャン・ミレイ、モニカ・ワーラインの研究や知見は大きな刺激になった。カール・ワイクからも多くを学んだ。本書のいたるところに彼の影響を見ることができる。なかでも5章では、彼に教わった事例をいくつか紹介している。

ライス大学の同僚たちは本書をこの上なく支援してくれた。この大学は私の研究、教育、執筆にとって理想的な環境だった。ジョーンズ・ビジネス大学院のマーケティングチームにも深く感謝する。とくにキャスリーン・クラーク、クラウディア・コルカー、ケビン・パーマー、リアナ・ロペスは本書のアイデアを広めるのに一役買ってくれた。

ふたりの娘、ミーアンとノアは私の本にかわいらしい興味を示した（9章の「眠れる森の美女」のトレーニングについては熱心に助言を申し出た）。彼女たちと時間を過ごす喜びは、成功にはいろいろな形があることを絶えず私に思い出させてくれる。

最後に、両親のジェーンとロン。ふたりは私をリソースフルな人間に育ててくれた。他人が何を持っていようが関係ない、自分が持っているものを最大限活かせというのが教えだった。それに気づくまでにしばらくかかったが、父と母は正しかった。

そして読者のあなたへ。ご意見や感想を歓迎します。あなたがどのようにチェイシングから抜け出し、ストレッチを受け入れたか、その経緯にとりわけ関心があります。メールはScott@ScottSonenshein.comまで。またはwww.ScottSoneishein.comをご覧ください。

弊社刊行物の最新情報などは
以下で随時お知らせしています。

ツイッター
@umitotsuki

フェイスブック
www.facebook.com/umitotsuki

ストレッチ
少ないリソースで思わぬ成果を出す方法

2018年5月6日　初版第1刷発行

著者
スコット・ソネンシェイン

訳者
三木俊哉《みきとしや》

編集協力
藤井久美子

装幀
Y&y

印刷
中央精版印刷株式会社

発行所
有限会社 海と月社
〒180-0003　東京都武蔵野市吉祥寺南町2-25-14-105
電話0422-26-9031　FAX0422-26-9032
http://www.umitotsuki.co.jp

定価はカバーに表示してあります。
乱丁本・落丁本はお取り替えいたします。

ISBN978-4-903212-64-7